L'EUROPE

ET

LE SECOND EMPIRE

L'EUROPE

ET LE

SECOND EMPIRE

PAR

LE COMTE DE CARNÉ

DE L'ACADÉMIE FRANÇAISE.

PARIS

CHARLES DOUNIOL, LIBRAIRE-ÉDITEUR

29, RUE DE TOURNON, 29

1865

PRÉFACE

Je voudrais déterminer le caractère politique du second Empire, en appréciant son attitude et ses actes dans une des crises les plus graves qu'ait jamais traversées l'Europe.

Rien n'est plus facile que d'assigner les causes historiques de la transformation générale à laquelle nous assistons depuis 1848; rien n'est plus chanceux que d'en pressentir les conséquences définitives. Le monde a vu des jours plus agités que les nôtres; des haines plus implacables ont souvent ensanglanté l'histoire. Au spectacle de misères et de ruines suscitées par des passions ardentes ou par de froides ambitions, nous pouvons opposer le tableau d'une sécurité plus générale et d'un bien-être mieux réparti. Les grandes guerres ont fini avec le grand Empire : depuis 1815, il en a été des luttes internationales à peu près comme des perturbations intérieures. Les unes et les autres ont été courtes, non que les oppositions ne fussent profondes, mais parce qu'en prolongeant le conflit on aurait compromis de si nombreux intérêts, que cette perspective a toujours commandé la modération aux gouvernements comme aux partis. La peur n'a pas produit de notre temps des résultats moins efficaces que la sagesse.

Mais durant le repos précaire obtenu par l'accord des intérêts, les difficultés sont demeurées entières ; et des problèmes redoutables, intéressant les bases de la société, ont pu se poser impunément par l'effet même de la confiance qu'entretenait le bon ordre extérieur. La douceur des mœurs n'a pas déterminé le rapprochement des esprits; les passions se sont trouvées amorties par l'égoïsme, sans grand bénéfice pour la morale, et la décomposition même des partis n'a guère profité qu'au scepticisme. Promptement lassée, après le 24 février, des institutions républicaines qui la contraignaient à des efforts très-salutaires, mais malheureusement peu compatibles avec la faiblesse de son tempérament politique, la France, à la veille d'une échéance universellement redoutée, a cherché au 2 décembre, contre l'anarchie, un refuge dans la dictature. Elle a paru durant dix ans oublier les doctrines qu'elle avait portées dans tout l'univers, en les arrosant de son sang; et son attitude a laissé croire à ceux qui pouvaient avoir quelque intérêt à le penser, qu'on parviendrait avec un peu d'habileté à rayer du symbole de 1789 tout ce qui élève et moralise les hommes par l'application de leurs plus nobles facultés à la gestion des affaires publiques.

Ces illusions sont aujourd'hui en voie de se dissiper. Peu d'écrivains oseraient exprimer l'espoir qui leur reste pourtant bien cher, de voir en France la liberté disparaître sous l'égalité, et l'intelligence fléchir sous le sensualisme, de manière à permettre au pouvoir de ne gouverner la démocratie que par ses vices. La nation, qui avait laissé dormir les idées constitutionnelles, mais sans se donner le tort plus grave de les renier, s'est remise, aux élections de 1863, à la solution du problème posé depuis bientôt un siècle. Elle tente un nouvel effort pour concilier le gouvernement par l'opinion, condition nécessaire d'une société libre, avec la centralisation du pouvoir, condition à peu près inévitable d'une société démocratique. Mais elle a repris cette fois le cours de ses généreuses traditions avec une mesure dont elle avait trop longtemps manqué ; et sans s'exagérer la rapidité d'un mouvement dont la modération constitue la puissance, on peut espérer qu'il ne s'arrêtera plus avant que la France ait retrouvé les principales garanties nécessaires à la sécurité de ses intérêts et à la vérité du gouvernement représentatif.

Mais lors même que la cause de la liberté pourrait être considérée comme à peu près gagnée, dans un prochain avenir, les problèmes à résoudre ne demeureraient pas moins nombreux. Aux obstacles qu'a rencontrés la génération antérieure à la nôtre, pour faire concorder l'esprit de l'administration avec celui des institutions politiques, est venu se joindre un élément dont nul publiciste européen n'avait eu jusqu'à présent à mesurer la portée. Le suffrage universel, principe générateur de notre constitution, dispose souverainement du sort de la France, en attendant qu'il règle celui du monde ; contre lui, la discussion est impossible, et la résistance plus impossible encore, puisque dans ce principe le droit vient se combiner avec la force.

La proclamation de ce dogme par un peuple assez puissant pour le faire prévaloir, est le plus grand événement des temps modernes. Quel chemin a fait cette idée depuis qu'elle est sortie de la sphère des théories pour passer dans celle des conventions internationales ! Le jour où la validité des traités a été subordonnée à l'assentiment des majorités, l'Europe historique s'est affaissée sur ses bases, et l'œuvre des publicistes, comme celle des diplomates, s'est trouvée mise à néant. Il n'a plus subsisté entre les cabinets que des rivalités, souvent contenues, mais quelquefois stimulées par la terreur qu'inspire à tous le formidable principe sous le coup duquel chacun d'eux se sent placé. Aussi, depuis la guerre d'Italie et l'adjonction de la Savoie, qui a provoqué la première application du suffrage universel dans la sphère internationale, le monde donne-t-il un spectacle que les plus fervents ennemis de l'ancien ordre monarchique n'auraient pas même osé rêver. Les rois s'en vont comme s'en sont allés les dieux; le droit antique est mort; il est mort comme le grand Pan, foudroyé par l'avénement de la loi nouvelle. La France, qui a enfanté la pensée sous laquelle la terre s'agite comme un homme ivre[1], a reçu d'une pareille maternité de grands devoirs. Il m'a paru utile de les indiquer, en recherchant quelle est sa mission véritable en Europe, au sein de cette décomposition universelle, puis en mettant en regard de cette mission les actes accomplis par le second Empire. Tel est l'objet principal de cette étude.

Deux voies s'ouvrent devant le gouvernement que la nation s'est donné en 1852. Si l'Empire se préoccupait moins de reculer ses frontières

[1] Agitatione agitabitur terra sicut ebrius. Isaïe, XXIV, 20.

que de fortifier ses institutions en les complétant; s'il cherchait la solution des questions pendantes au dehors dans des données assez larges pour la préparer, il pourrait être à la fois et le restaurateur d'un gouvernement libre et le puissant initiateur d'un nouvel ordre européen. S'il abdiquait l'originalité d'un pareil rôle pour stimuler ou l'esprit de conquête ou l'esprit révolutionnaire, il aurait bientôt à compter avec la faction fort disposée à l'accepter à titre d'instrument, fort résolue à le renverser si elle s'en trouvait jamais la force.

Dans le cas où la politique révolutionnaire prévaudrait un jour dans ses conseils, l'Europe recommencerait bientôt une sorte de guerre de Trente-Ans, durant laquelle les monarchistes, les constitutionnels, les républicains et les socialistes viendraient jouer le rôle des Danois, des Suédois, des Impériaux et des Français, depuis les rives de la Baltique jusqu'à celles de la mer Noire. Une guerre entreprise afin de refaire la carte du monde selon le principe des nationalités emporterait d'ailleurs, avec le gouvernement assez téméraire pour l'entreprendre, les dernières espérances de la liberté dans le monde. Avec quel concours faire prévaloir une pareille politique, repoussée par d'innombrables intérêts, si ce n'est avec celui de ces sectaires conventionnels et césariens, toujours prêts à immoler le droit à la force, et le citoyen à l'État, divinité jalouse dont ils sont les prêtres, et dont la liberté est la victime?

Je touche ici à l'une des questions principales sur lesquelles j'appellerai dans cet écrit l'attention de mes lecteurs. Les lois qui ont présidé, dans tous les siècles, au développement de la pensée publique, en France, conduisent à envisager comme moralement certaine une victoire de l'opposition électorale dans un délai plus ou moins rapproché. Déjà dominante dans les grands centres, l'opposition ne peut manquer de dominer un jour dans les campagnes, car nos populations rurales ne sont point séparées, comme elles le sont en Angleterre, des populations urbaines, dont elles reflètent les idées et reproduisent les exemples, aussi constamment que la province suit les modes de Paris. Mais à qui profitera cette victoire? Sera-ce aux hommes dont le programme se résume dans de nouvelles restrictions à la liberté individuelle et dans une guerre de propagande; sera-ce aux partisans des idées libérales, qui tous ont accepté la dénomination de partisans de la paix? Si le triomphe de l'opposition est plus que probable à une certaine heure, il appartiendra au gouvernement, et à lui seul, de faire profiter de cette victoire soit les hommes de la révolution, soit les hommes de la liberté. Selon le contre-coup que la direction donnée aux affaires jusqu'au jour de cette épreuve décisive, aura imprimé aux couches mobiles du suffrage universel, l'administration provoquera l'entrée dans la chambre élective de candidats qui, sans appartenir au socialisme, en deviendraient les précurseurs inévitables, ou bien elle préparera l'avénement des amis de ce régime pacifique et modéré que, dans sa longue odyssée, la France poursuit à travers tant d'écueils.

L'Empire est sorti, voici quatorze ans, d'une situation dans laquelle l'aveuglement des partis irréconciliables même en face d'un péril commun avait rendu la république et la monarchie également impossibles. Il s'est moins présenté comme un gouvernement de choix que comme un gouvernement de nécessité, et la France éperdue ne lui a imposé d'autre condition que de la délivrer de ses propres craintes. Elle lui a donné un blanc-seing plutôt qu'un programme, de telle sorte que les interprétations les plus diverses ont pu se produire sur la pensée et sur les projets du chef de l'État.

Constamment protégé par la fortune durant ces années si pleines, l'Empire n'a pas toujours mis son bonheur au service de la même idée. Il a cherché, à la première phase de son établissement, un concours auquel il a renoncé dans la seconde. La politique qui conduisait nos soldats en Crimée pour faire respecter, même au profit des Turcs, l'état territorial réglé par les traités, différait notablement de celle qui les envoyait chasser les Autrichiens de l'Italie au profit des Piémontais. Qu'est-il besoin d'ajouter que les catholiques, auxquels on conseillait de répudier, avant la guerre de 1859, des garanties inutiles en présence d'un pouvoir appelé à recommencer l'œuvre de Charlemagne et de saint Louis, n'entrevoyaient pas Castelfidardo dans les nuages d'encens brûlés durant le pèlerinage de Bretagne? Les actes se sont donc modifiés comme les alliances; ce n'est pas aux mêmes sources que la politique impériale a puisé toutes ses inspirations; ce ne sont ni les mêmes pensées, ni les mêmes influences qu'elle s'est efforcée de faire prévaloir. Quand il travaillait à réveiller le souvenir de la constitution de l'an VIII et des assemblées qui l'avaient appliquée, dans une servilité silencieuse, le législateur agissait autrement qu'au jour où sa confiance, évoquant la parole du sépulcre, préparait les nobles luttes dont le pouvoir n'a pas recueilli moins de profit que la nation.

En rappelant les principaux événements accomplis depuis le commencement du règne, j'aurai donc à suivre dans ses évolutions diverses la pensée souveraine qui me paraît toucher, par l'action combinée des choses et des idées, à l'heure d'une option décisive entre deux principes et entre deux conduites. Je rechercherai avec la plus entière sincérité quels sont au fond ses intérêts, en France comme en Europe, afin de pressentir avec moins d'invraisemblance des résolutions qui ne sauraient plus être ajournées.

Aux difficultés inséparables d'une pareille tâche les circonstances en ont ajouté de spéciales : on peut bien croire que je ne les méconnais pas. Mais si je me résous à les braver, c'est que je regarde comme possible d'exprimer ma pensée tout entière sans contrevenir aux lois de mon pays, que je voudrais observer, lors même que je n'aurais pas à les craindre.

Ces lois n'ont laissé en dehors du cercle où toutes les controverses sont permises que le droit de la dynastie et le droit du suffrage universel, dont l'assentiment a imprimé à l'établissement impérial la seule consécration qu'entende aujourd'hui reconnaître la France. Il faudrait une fatuité dont peu de gens sont doués, pour affronter, en présence de sept millions de suffrages, le ridicule d'afficher un avis différent. Que serait le murmure d'un ruisseau perdu dans l'Océan ? Je ne me suis pas défendu toute ma vie contre les illusions des partis pour les épouser dans ma vieillesse.

« Ma volonté n'est garrottée ni d'offense ni

« d'obligation, n'estant subject à aucun enga-« gement pénétrant et intime [1]. » J'aborderai toutes les questions dans les termes mêmes des institutions de 1852. Il ne m'en coûtera rien pour porter dans ce débat le dégagement d'esprit qu'il faut d'ailleurs signaler comme l'un des meilleurs symptômes du temps où nous entrons. On commence à n'être plus que du parti de ses idées, et à ne plus stipuler que pour elles.

Je termine par une dernière considération. La responsabilité personnelle revendiquée avec tant d'insistance par le chef de l'État n'aurait aucun sens, si elle ne le rendait, pour la discussion respectueuse de ses actes, justiciable de l'opinion de ses contemporains. L'histoire écrite par ceux qui la font, ou tout au moins par ceux qui la voient faire, est la seule qui laisse dans la mémoire des hommes des traces profondes. Thucydide et Xénophon ont été acteurs ou témoins de la plupart des scènes qu'ils racontent. César, Salluste et Tacite ont assisté aux triomphes ou souffert des misères dont ils sont demeurés les peintres immortels. Qu'ils

[1] Montaigne, livre III.

aient parlé à pleine poitrine, à l'air vivifiant de la liberté; ou bien qu'en élevant le châtiment à la hauteur des crimes, ils aient écrit avec l'indignation contenue que suscite et commande la tyrannie, l'on sent dans leurs pages l'émotion circuler avec la vie, et l'on y retrouve la trace de leurs joies comme celle de leurs larmes. Il n'est point inutile à la vérité historique que les passions colorent le récit dans lequel elles se reflètent, au risque même d'en altérer la sévère exactitude. Interdire aux contemporains de porter un jugement sur les faits qui leur rendent l'existence facile ou amère, parce que leur appréciation pourrait être passionnée, ce serait organiser contre la postérité la conspiration du silence. Un gouvernement fort ne saurait l'entendre ainsi : il doit vouloir laisser ses conséquences à la haute responsabilité qui les réclame. Apprécier des actes politiques sans les faire émaner du trône serait aujourd'hui violer la constitution dans une de ses dispositions principales, et l'initiative absolue attribuée au souverain implique un droit corrélatif de contrôle plus logique encore peut-être que sous les institutions antérieures. Je place donc ma pensée sous la sauvegarde d'une législation que j'ai la ferme volonté de respecter, heureux si je contribue à élargir par mon exemple le champ des discussions loyales, où le courage de l'éloge ne coûte pas plus à l'indépendance de l'écrivain que le courage du blâme.

Dévoué toute ma vie à la cause de la liberté constitutionnelle, que j'envisage comme inséparable de la moralité de mon pays au dedans et de son honneur au dehors, j'ai espéré ne lui être pas inutile en écrivant ces pages. Si quelques personnes opposent à la vivacité de mes convictions le calme de mes jugements, je leur dirai qu'il m'en a coûté beaucoup pour demeurer, au milieu d'émotions trop naturelles, au diapason de l'histoire : je m'y suis maintenu cependant, au risque de tromper quelquefois l'attente de mes lecteurs, parce que, dans la disposition actuelle de l'esprit public en France, le service le plus signalé que nous puissions rendre à nos idées, c'est de leur sacrifier nos passions.

CHAPITRE I

L'EMPIRE DEPUIS SON AVÉNEMENT JUSQU'AU TRAITÉ DU 30 MARS 1856

La France vivait depuis trente ans sous la monarchie constitutionnelle, lorsqu'un accident, que n'explique ni la logique des idées ni même celle des passions, précipita le pays dans un abîme qu'il tenait pour à jamais comblé. Le régime politique qui suffisait à ses vœux, malgré ses imperfections inévitables, sombra au sein d'une fallacieuse sécurité, comme un navire entr'ouvert la nuit par un écueil. Le gouvernement représentatif disparut bien moins parce que les institutions étaient faibles que parce qu'on les avait estimées assez fortes pour se donner le dangereux plaisir d'en abuser.

Au lendemain de la catastrophe, la nation fut partagée entre l'étonnement et l'épouvante; car, si, d'un côté, la rapidité d'une telle chute semblait atteindre à leur source toutes ses croyances politiques, de l'autre, aucune perspective distincte ne s'ouvrait au milieu des épaisses ténèbres dans lesquelles elle se laissait engager sans résistance par ses sauveurs d'un jour. Jamais l'esprit humain n'avait été plus libre, et jamais il ne s'était montré plus stérile. La pauvreté des idées fut encore dépassée par l'insuffisance des hommes, à ce point que le nouveau pouvoir, issu de cette immense surprise, se vit conduit à réclamer le concours immédiat de ceux qu'il venait de renverser.

Les personnages formés aux luttes parlementaires et aux transactions qu'elles imposent, acceptèrent sans hésiter le rôle séant à leur triste fortune, et se mirent à l'œuvre sans aucune arrière-pensée pour atténuer des malheurs dont le pays pouvait à plus d'un titre leur demander compte. On les vit déployer, dans l'accomplissement de cet acte de réparation tardive, une humilité sincère, et se consacrer loyalement à la tâche difficile d'enter une constitution républicaine sur des mœurs qui la repoussaient. Jamais épreuve ne fut accomplie de meilleure foi par ceux-là mêmes auxquels elle inspirait le moins de sympathie et d'espérance.

Mais la nation, dominée par ses instincts, et

plus encore par ses souvenirs, ne suivit pas les chefs des partis politiques dans les voies ou ceux-ci n'avaient pas hésité à s'engager. Profondément atteintes dans leurs intérêts par la révolution du 24 février, les populations rurales refusèrent à la république la loyale épreuve que celle-ci réclamait de la France. A partir du vote du 10 décembre 1848, une seule alternative se trouva posée : on dut se demander si les impatiences populaires précipiteraient l'exécution de l'arrêt qu'elles venaient de rendre, ou si le régime nouveau s'affaisserait dans l'impuissance, après une succession de convulsions et de défaillances.

Lorsque, à l'appel de la république lui demandant un président, la nation eut répondu en assignant le rôle de Washington au neveu de l'empereur Napoléon, il ne fut pas difficile de prévoir que le gouvernement républicain, incapable de conjurer les appréhensions que son nom réveillait dans toutes les mémoires, périrait bientôt sous l'étreinte du suffrage universel, comme l'ouvrier de la légende sous celle de la statue à laquelle il avait communiqué la vie.

En évoquant dans une personnification vivante le souvenir du 18 brumaire, le peuple avait certainement moins songé à tracer un programme politique qu'à protester contre des incertitudes mortelles pour tous les intérêts. En présence de partis monarchiques que le malheur n'avait pas rapprochés, la France, qui n'avait ni la volonté, ni l'habitude de se gouverner elle-même, était arrivée, comme Rome au début du Principat d'Auguste, à ne trouver de remède à ses craintes que dans l'établissement d'un pouvoir unique. *Non aliud discordantis patriæ remedium fuisse censebat quam ut ab uno regeretur* [1].

Mais la pensée publique n'allait guère au delà, et le scrutin du 10 décembre 1848 avait moralement renversé la république sans relever encore l'Empire. Si l'une fléchissait sous la solidarité de souvenirs sanglants, l'autre avait à se défendre contre des impressions de même nature jusqu'au sein des masses, qui admiraient son héroïque légende sans être aucunement jalouses de payer une seconde fois les frais de son histoire. Toutefois, il demeurait déjà certain que, sous le coup de l'effroi inspiré par des échéances prochaines, le pays se montrerait aussi incapable de les détourner par sa propre initiative, que de rien contester à qui se déclarerait assez résolu, et se montrerait assez fort pour les écarter. Comme dans les romans de chevalerie, la France s'était

[1] Tacite, *Ann.*, lib. I.

promise à l'homme assez entreprenant pour affronter les périls de 1852 et pour en dissiper, avec son épée, les mystérieuses ténèbres : elle appartenait donc d'avance à qui la délivrerait de ce formidable cauchemar. Cette disposition générale de l'opinion a fait tout le succès du coup d'État du 2 décembre 1851.

L'Europe se plaça au même point de vue pour apprécier un acte qui, indépendamment du mérite presque toujours décisif du succès, avait eu pour tous les cabinets celui de les délivrer de leur appréhension principale, la crainte d'une nouvelle explosion de l'esprit démagogique dans l'année 1852. L'Autriche, déchirée par la guerre de Hongrie, et qui venait de faire contre le Piémont deux campagnes au delà des Alpes; la Prusse, aussi compromise par les avances de la révolution que par ses menaces; l'Allemagne tout entière, où le lien fédéral était brisé, sans que cette rupture profitât à sa problématique unité; la Russie, dont les doctrines gouvernementales semblaient recevoir, dans la métropole même des révolutions, une confirmation si éclatante et si peu prévue; toutes les cours enfin, instinctivement et sans concert, acclamèrent l'acte qui venait dénouer une situation pleine de périls, sans s'inquiéter autrement du prix auquel elles devraient bientôt acquitter le service rendu à l'ordre européen par l'héritier de l'empereur Napoléon.

Sans attendre les instructions de leurs cabinets, tous les ministres étrangers accrédités à Paris félicitèrent donc, dans les termes les plus chaleureux, le nouveau gouvernement sorti de la journée du 2 décembre. Émue de l'échec que recevait le pouvoir parlementaire et de la chute de la tribune la plus retentissante du monde entier, l'Angleterre seule aurait peut-être hésité à ratifier le victorieux défi porté aux doctrines qu'elle s'honorait de représenter, si le ministre fantasque qui s'était placé depuis six ans à la tête de l'opinion révolutionnaire en Europe, au point de mettre son pays en état de guerre morale avec tout le continent, n'avait personnellement applaudi au coup d'État, engageant ainsi d'avance la politique de son pays dans l'approbation du grand changement consacré par le scrutin du 20 décembre 1852.

Lord Palmerston patronna le nouveau pouvoir avant même qu'il fût fait, se croyant probablement en mesure d'escompter les résolutions d'où sortit deux ans plus tard la guerre de Crimée, mais si peu rassuré toutefois, en présence du jeune gouvernement auquel la décision ne semblait pas manquer plus que la fortune, qu'il faisait coïncider l'armement de toutes les milices de la Grande-Bretagne avec la reconnaissance du second Empire.

La constitution de ce gouvernement avait été précédée, dans l'opinion des cabinets, par un si grand service rendu à l'ordre social, que la consécration de l'établissement impérial ne pouvait plus être mise en question par aucun d'entre eux. Les applaudissements prodigués à l'acte du 2 décembre 1851 infirmaient d'avance toutes les réserves qu'on aurait voulu prendre contre l'œuvre de 1852, qui en était la conséquence et le complément.

Ce n'est pas que les répugnances ne fussent vives et les appréhensions plus vives encore, et que la Russie, derrière laquelle s'effacèrent en cette occasion toutes les cours continentales, ne se fît, avec une hauteur qu'elle allait bientôt amèrement regretter, l'organe des sentiments communs [1]. Le rétablissement de la dynastie impériale rendait caducs, dans l'une de leurs dispositions fondamentales, les traités de Vienne qui avaient donné une partie de nos frontières à la Prusse, le royaume de Pologne à la Russie, la domination politique de l'Italie à l'Autriche et

[1] Lettres de créance de M. de Kisseleff, remises le 5 janvier 1853.

la suprématie maritime à l'Angleterre. De plus, comme pour ajouter à la formidable omnipotence que lui avait attribuée le suffrage universel une consécration rétrospective, l'empereur Napoléon III prenait un titre qui réagissait jusque dans le passé, contre le droit européen fondé par les conventions internationales sur lesquelles était assis l'état politique de l'Europe depuis la chute du premier Empire.

Il est certains moments où un homme qui croit est à lui seul plus fort que toute une nation qui doute. Le prince auquel le peuple venait de donner un blanc-seing pour la rédaction d'une constitution était doué, c'était une justice que nul ne pouvait lui refuser, de cette foi robuste qui peut transporter les couronnes comme les montagnes ; et lui seul était pleinement maître de sa pensée au milieu de la prostration universelle. Dans la constitution du 14 janvier, il avait consigné, en matière d'organisation intérieure, le résultat des ardentes et solitaires méditations de sa vie, et celles-ci venaient se résumer dans cette pensée formulée par lui-même, dans un temps où nul ne soupçonnait qu'il pourrait être un jour dans le cas de l'appliquer :

« Dans un gouvernement dont la base est démocratique, le chef seul a la puissance gouvernementale ; la force morale ne dérive que de lui ; tout remonte directement jusqu'à lui, soit haine, soit amour. Dans une telle société, la centralisation doit être plus forte que dans toute autre, car les représentants du pouvoir n'ont de prestige que celui que le pouvoir leur prête, et, pour qu'ils conservent ce prestige, il faut qu'ils disposent d'une grande autorité, sans cesser d'être vis-à-vis du chef dans une dépendance absolue, afin que la surveillance la plus active puisse s'exercer sur eux [1]. »

Un pouvoir fortement centralisé, dont l'œil reste incessamment ouvert sur des agents « placés dans une dépendance absolue, sans prestige et sans force morale, » telle était donc l'idée mère du régime qui venait de se fonder, aux applaudissements de l'Europe monarchique, en vertu d'un plébiscite souscrit par sept millions de suffrages. Aucun doute n'était possible, ni sur l'esprit, ni sur le mécanisme des institutions nouvelles. Mais, lorsqu'il s'agissait de pressentir quel usage pourrait faire de son immense puissance le prince qui venait d'en être investi, et comment il comprendrait les rapports de la France avec l'Europe, les conjectures abondaient, car la

[1] *Idées napoléoniennes*. Œuvres de Napoléon III, t. I, p. 56.

pensée du nouvel empereur n'avait été nulle part assez précisée pour interdire les hypothèses les plus contraires.

Dans le cours du voyage où s'était préparé l'Empire, le prince Louis-Napoléon avait affirmé partout, particulièrement à Lyon et à Bordeaux, sa résolution de maintenir de bons rapports avec l'Europe et de répudier comme contraires aux besoins actuels de la France, les conceptions gigantesques qui avaient étendu l'empire français jusqu'aux bords du Tibre et aux rives de la Baltique. L'on pouvait même se rappeler un livre où il s'était attaché à établir que cette extension démesurée avait été imposée à l'empereur Napoléon contre sa volonté et par l'effet de circonstances réputées fatales. *L'Empire, c'est la paix*, avait-il dit à Bordeaux en résumant dans un mot pittoresque la politique conservatrice dont les représentants de tous les intérêts matériels et moraux, les chefs de l'Église et ceux de l'industrie l'acclamaient à l'envi comme le sauveur !

Mais en répudiant les folies qui avaient perdu le premier Empire et en s'efforçant de les expliquer par d'irrésistibles nécessités, Napoléon III allait-il abdiquer l'espérance et la pensée de rendre à la France les territoires mêmes que les fautes du chef de sa dynastie lui avaient fait perdre, et ne se tiendrait-il pas au contraire pour engagé d'honneur, envers celui auquel il devait tant, à effacer le principal reproche adressé à sa mémoire? En répudiant les traditions de Tilsitt, entendait-il repousser aussi celles de Lunéville, et n'existait-il pas dans sa pensée un milieu possible entre les violences de 1812 et les vengeances de 1815? En s'engageant à ne provoquer personne et en promettant de ne pas contrevenir à l'état de choses réglé par les traités, le second Empire ne se réserverait-il pas toute sa liberté d'action en présence des éventualités nouvelles qui ne tarderaient pas à sortir des événements? La paix restait-elle encore le but définitif et l'idée dominante de la politique française, comme elle l'avait été sous le gouvernement précédent, ou bien n'était-elle plus qu'une étape dans le cours naturel des choses? Le droit public de l'Europe, tel que l'avaient constitué la science et l'histoire, n'allait-il pas enfin se trouver radicalement bouleversé par l'application du suffrage universel, devenu le principe même du nouvel Empire, et proclamé supérieur aux droits internationaux reconnus par les conventions diplomatiques? Tels étaient les problèmes posés dans toutes les chancelleries, et devant lesquels elles auraient probablement beaucoup hésité, si l'Empire n'était sorti, l'année précédente, d'un fait acclamé par elles-mêmes comme le salut du monde civilisé, et si l'Europe, descendant dans le secret de ses divisions et de ses faiblesses, ne s'était trouvée en présence d'un établissement résolu à employer, pour se maintenir, des moyens aussi décisifs que ceux dont il avait fait usage pour se fonder.

Sur ces questions-là, le doute était difficile pour des esprits doués de quelque sagacité. Le second Empire avait, en effet, tròp heureusement profité des prestigieux souvenirs du premier, pour repousser jamais l'occasion de renouer à sa manière la chaîne des temps en donnant des sœurs cadettes à tant de victoires, si une pareille occasion se présentait sans qu'on pût lui imputer le tort de l'avoir provoquée. En mettant la France au régime sévère d'un pouvoir unique exercé par des agents sans responsabilité et sans autorité personnelle, l'Empire était conduit à envisager son propre avenir à un tout autre point de vue que le gouvernement parlementaire, car la gloire pouvait seule faire oublier la liberté. Sans suspecter la sincérité du programme de Bordeaux quant aux faits accomplis, il était donc naturel de supposer qu'on prendrait désormais, pour transformer l'État territorial de l'Europe, tous les soins que d'autres avaient pu prendre jusqu'alors pour le maintenir. Quiconque avait parcouru les écrits du prisonnier de Ham, savait avec quel soin l'héritier de l'empereur Napoléon avait médité sur la chute du chef de sa dynastie. On n'ignorait pas que pour lui les causes de cette catastrophe se résumaient dans une seule, l'isolement diplomatique du grand Empire. La lecture de ses œuvres était donc de nature à écarter la crainte de voir jamais prévaloir un système dont le résultat entraînerait la formation d'une coalition européenne. Mais si résolu que pût être le second Empire à ne point affronter l'Europe, il pouvait fort bien songer à la diviser, de manière à provoquer, sans trop de périls, des transformations territoriales que la prudence lui commandait de ne pas laisser pressentir.

Le droit public proclamé par l'Empire ne le constituait-il pas d'ailleurs en opposition permanente avec tous les établissements antérieurs? Lorsque, dans les crises déjà faciles à pressentir, ce droit pourrait être invoqué par les diverses nationalités qu'avaient froissées les traités de 1815, le rôle du nouveau gouvernement ne serait-il pas tracé d'avance, comme l'avait été celui de la monarchie légitime maintenant au delà des Pyrénées la prérogative royale, et celui de la monarchie parlementaire favorisant au delà des Alpes la diffusion des idées constitutionnelles ?

Pour tous les gouvernements qui ont une tradition, et l'Empire était de ce nombre, le passé engage l'avenir. Le prince Louis-Napoléon avait professé d'ailleurs depuis longtemps cette doctrine des nationalités dont son avénement au trône allait le constituer tout à coup, au centre de l'Europe monarchique, le redoutable représentant. Il s'était efforcé, dix années auparavant, d'établir que l'idée napoléonienne aurait fini par se résumer un jour dans la consécration du droit même des nationalités [1]. L'ardeur deployée par le prince dans cette défense, à mon avis très-peu fondée, du premier établissement impérial, ne pouvait, en 1853, laisser aucun doute sur la direction que prendrait sa pensée désormais souveraine.

Les assurances conservatrices réitérées au nom du nouvel Empire n'empêchaient donc pas qu'il n'eût ses destinées à accomplir, et que son principe, posé en face du vieux droit des couronnes,

[1] *Œuvres de Napoléon III*, t. I, p. 155 et suiv.

ne préparât dans les esprits et dans les choses des changements d'une portée incalculable.

Dans quel temps s'opéraient cette immense révolution morale et ce triomphe soudain d'une idée que personne ne soupçonnait un quart de siècle auparavant ? C'était au lendemain de cette guerre de Hongrie qui n'avait sauvé l'Autriche qu'au prix d'une humiliation sans exemple, et quand l'Italie, faisant un appel, dans sa défaite, à toutes les nationalités, préparait à Turin une revanche qu'elle se croyait désormais assurée de ne plus prendre toute seule ; c'était quand l'aristocratique Angleterre, dirigée par un homme dans lequel s'est incarné le génie britannique, avec toutes ses passions et tous ses caprices, tendait la main à la démagogie, et que l'empereur Nicolas, faussement convaincu qu'il existait une incompatibilité radicale entre le gouvernement parlementaire de la Grande-Bretagne et le nouvel Empire français, estimait le moment opportun pour achever le malade dont il suivait l'agonie avec une ardente sollicitude ! Dans ce tourbillon d'incertitudes, où la pauvreté générale des caractères venait rehausser l'alarmante grandeur des événements ; dans cette tempête où les navires désemparés manquaient de pilote comme de boussole, on pouvait prédire que les occasions ne tarderaient pas à naître pour un pouvoir très-résolu à en profiter.

Deux tendances s'étaient produites, depuis 1815, dans la politique générale et le mouvement de l'opinion. Lorsque les pouvoirs acceptaient sans réserve l'état territorial créé par les traités, et qu'ils faisaient du maintien de la paix leur préoccupation principale, ils inclinaient vers l'alliance anglaise ; aspiraient-ils, au contraire, à modifier l'état de choses qui régit l'Europe depuis le Congrès de Vienne, et à s'ouvrir des perspectives nouvelles, ils inclinaient alors vers l'alliance russe. C'est qu'en effet, l'Angleterre avait tout à perdre au remaniement de la carte du monde tracée sous son influence au lendemain de ses triomphes, tandis que la Russie, si vaste que soit déjà son empire, ne considère pas son œuvre comme accomplie, et que l'achèvement de celle-ci lui impose le devoir de se ménager au dehors une entente et un concours. C'est entre ces deux pôles qu'a vacillé durant près d'un demi-siècle la pensée diplomatique de la France.

Ce n'est pas médire du gouvernement sorti du coup d'État de 1851 et du scrutin populaire de 1852 que de le déclarer disposé à plutôt comprendre l'avenir de l'Europe comme le fait la

Russie qu'à la manière dont l'entend l'Angleterre. Dans cette appréciation du rôle extérieur assigné à la France était la différence radicale qui séparait le second Empire de la monarchie du roi Louis-Philippe. Pour l'un de ces gouvernements, l'alliance anglaise était donc un principe ; pour l'autre, elle ne pouvait être qu'un accident.

Pour séparer le successeur de l'empereur Napoléon des successeurs de Pitt et de Castlereagh, les souvenirs du passé venaient se joindre aux vues divergentes de l'avenir. Un accord paraissait, au contraire, naturel entre deux grands empires continentaux que rapprochait en ce moment-là l'analogie des formes gouvernementales, et qui aux sombres images de Waterloo et de Sainte-Hélène pouvaient opposer les radieux tableaux de Tilsitt et d'Erfurth. Si, dès l'année 1853, le second Empire commença son œuvre extérieure par une action concertée avec l'Angleterre, et par une terrible lutte contre la Russie, il faut voir dans cette résolution imposée par les événements une politique hardiment acceptée plutôt que l'œuvre d'une pensée préconçue. Personne n'a oublié les faits sous l'influence desquels s'ouvrit cette grande crise, et la situation que l'attitude de la Russie avait faite à la France.

L'empereur Nicolas avait, il est vrai, applaudi plus chaleureusement que personne à la chute de la république et à l'établissement d'une dictature; mais, quoique ce prince n'éprouvât aucune répulsion personnelle contre le premier Empire, et qu'une alliance de famille le rapprochât de la dynastie impériale, il s'était posé en Europe comme le représentant d'un principe politique inflexible, et cette attitude avait trop profité depuis vingt ans à son prestige et à son influence, pour qu'il eût la volonté de la changer. La Russie ne reconnut donc le second Empire qu'en usant de procédés qui, sans infirmer la valeur légale de cette reconnaissance, laissaient les deux souverains comme étrangers l'un à l'autre, repoussant ainsi par avance toute pensée d'entente et de bon accord.

Afin de demeurer fidèle au rôle qu'il s'était tracé au lendemain de la révolution de 1830, le czar semblait, par son attitude blessante, prendre plaisir à lever de sa propre main toutes les barrières qui séparaient le second Empire de l'Angleterre, et c'est à l'heure même où il le reconnaissait officiellement, qu'il employait les derniers efforts pour placer la France en dehors de toutes les grandes transactions européennes, en proposant secrètement à l'Angleterre le partage de l'empire ottoman, dans les dépouilles duquel il lui abandonnait d'avance l'Égypte et Candie !

Infatué de sa pensée au point de fermer également les yeux aux facilités comme aux obstacles, ce prince allait se heurter à Londres contre des impossibilités manifestes, sans paraitre même soupçonner les perspectives beaucoup plus favorables qu'auraient pu lui ouvrir à Paris des situations nouvelles et des hommes nouveaux. Reprenant donc, dès le mois de janvier 1853, avec une sorte d'ardeur fébrile, les tentatives de 1840 et de 1844, afin d'isoler la France, l'empereur Nicolas livrait à la discrétion de sir Hamilton Seymour des projets qui allaient soulever au sein du cabinet britannique les plus profondes répulsions, en même temps qu'il se fermait tout accès du côté de la France, et qu'il escomptait avec une dédaigneuse confiance l'assentiment des cours allemandes à des vues qu'il ne leur avait pas encore communiquées. C'était au moment où un nouveau cabinet se formait à Londres, sous la direction de lord Aberdeen et sous les auspices les moins rassurantes pour le nouvel Empire français, que le czar jetait pour ainsi dire de force celui-ci dans les bras de l'Angleterre, et qu'en brûlant gratuitement ses vaisseaux du côté de la France, il demandait à la Grande-Bretagne ce que les traditions comme les intérêts de ce pays lui prescrivaient impérieusement de refuser !

Avant l'établissement de l'Empire, le président avait soulevé la question des lieux saints, sous l'influence d'une préoccupation qu'expliquait l'ardent concours alors prêté à son gouvernement par l'opinion religieuse. Dans la négociation relative aux sanctuaires de terre sainte, négociation entamée peut-être avec irréflexion à Constantinople, mais sans aucune vue offensive contre le cabinet de Saint-Pétersbourg, la Russie affecta de voir une menace et un péril. Du patronage que la France prétendait tirer de ses capitulations dans l'intérêt de quelques milliers de Latins, elle inféra le droit d'obtenir pour elle-même avec le protectorat de huit millions de sujets grecs une sorte de souveraineté morale dans la Turquie d'Europe.

Si les ouvertures adressées à sir Hamilton Seymour étaient demeurées sans résultat, ces communications avaient endormi pour un moment la vigilance habituelle de l'Angleterre en Orient. Ce fut donc le gouvernement français, que des actes tout récents rendaient justement avide d'une revanche contre la Russie, qui jeta le premier le cri d'alarme au moment où le prince Mentchikoff arrivait à Constantinople pour y accomplir une mission, inscrite désormais parmi les dates sinistres de sa patrie.

Prétendre ouvrir en Turquie la crise suprême lorsque les mauvais procédés de la Russie avaient imposé à la France impériale la stricte obligation de l'alliance anglaise, donner soi-même à l'empereur Napoléon III le rôle de défenseur du droit public européen au lieu et place de l'isolement où l'on avait prétendu le réduire, c'était entreprendre une œuvre de démence que la fascination exercée par vingt-cinq ans d'adulation et de despotisme peut seule aujourd'hui laisser comprendre.

L'ambassadeur dut se placer au même point de vue que son maître, et sut accumuler les difficultés les plus ardues d'une négociation secrète avec l'appareil le plus blessant d'une mission ostensible. Jamais cabinet n'avait donné un pareil jeu à ses adversaires et n'avait plus volontairement couru à sa perte. Enfin, pour rendre celle-ci plus inévitable, et comme pour défier gratuitement l'Allemagne en soulevant la question du Danube, l'autocrate faisait entrer son armée dans les Principautés, au milieu de négociations pendantes, voulant s'ôter lui-même tout moyen de reculer, si quelque éclair de raison venait à passer à travers les hallucinations de son orgueil.

Une seule chance restait à l'empereur Nicolas c'était que ces idées constitutionnelles pour lesquelles il professait un si profond mépris, fussent assez puissantes sur la conscience publique en Angleterre pour empêcher ce pays d'accepter franchement le concours de l'empereur Napoléon III dans une crise où la Grande-Bretagne était plus directement engagée que la France. La chute de l'empire ottoman aurait, en effet, atteint directement celle-là, tandis que celle-ci était au fond beaucoup moins préoccupée de la question elle-même que de la crainte de la voir résolue sans elle. Mais cette chance d'hostilité morale rêvée à Saint-Pétersbourg était une pure chimère. Lorsque la France propose à un cabinet l'assistance d'une marine admirable et d'une invincible armée, elle n'a pas à redouter un refus, quel que puisse être le principe de son gouvernement, et, trois mois plus tard, l'empereur Nicolas aurait été de cet avis-là plus que personne.

Quoi qu'il en soit, la Russie venait d'imposer à l'Empire français, vis-à-vis de l'Europe, une attitude conservatrice analogue à celle qu'il avait reçue en France du cours des événements; le despotisme semblait s'être entendu avec le socialisme pour maintenir l'élu du suffrage universel dans les voies régulières de la modération et du droit, et la crise de 1854 vint jouer au dehors le rôle qu'avait rempli au dedans celle de 1852. Napoléon III prit donc, de l'aveu de tous les cabinets, et particulièrement du cabinet de Vienne, la tête des négociations, d'une part, avec l'Angleterre, afin de faire succéder les opérations militaires aux remontrances diplomatiques; de l'autre, avec les deux grandes cours allemandes, signataires de la convention de 1841, qui avait stipulé la clôture des Détroits et placé l'intégrité de l'empire ottoman sous la garantie collective de l'Europe.

Avec un entrain qui manqua au cabinet de Londres, celui de Paris prit l'initiative de tous les actes décisifs qui suivirent le refus d'évacuation des Principautés. Envoi de la flotte à Salamine, concentration des forces navales à Besica, passage des Détroits, entrée dans la mer Noire : à toutes les phases de la question maritime, les résolutions de la France stimulèrent, en les devançant, celles de la Grande-Bretagne; et lorsqu'à partir du mois de septembre 1854, la question militaire fut engagée par le débarquement en Crimée, la France conserva la même attitude. Rendue la première sur l'Alma, notre armée entrait, onze mois plus tard, la première à Sébastopol.

Le cabinet des Tuileries consacrait en même temps tous ses soins à infliger à la Russie l'isolement diplomatique que celle-ci avait prétendu provoquer pour lui-même, et il y parvenait au delà de ses espérances. Dès le 14 juin, il obtenait à Vienne la signature d'une convention entre la Turquie et l'Autriche, aux termes de laquelle l'armée autrichienne ne tarda pas à occuper les Principautés, que la Russie se vit contrainte d'évacuer, en couvrant une humiliante retraite par de vains prétextes stratégiques. Trois mois plus tard, l'Autriche n'hésitait pas à signer la note fameuse du 8 août, et à s'approprier les quatre points devenus en 1856 les bases du traité de Paris. A l'instant même où nos soldats s'embarquaient pour la Crimée, la cour de Vienne se fiait assez à la fortune de nos armes pour s'engager moralement à faire prévaloir quatre principes qui réagissaient à la fois contre le passé et contre l'avenir de la politique russe en Orient. On se rappelle que ces principes étaient la substitution du protectorat européen au protectorat russe en Moldavie, en Valachie et en Servie; la liberté absolue de la navigation du Danube, la révision de la convention des Détroits et l'abandon de tout patronage religieux sur les sujets de la Porte ottomane.

Quoiqu'elle ne fût point parvenue à associer la Prusse à sa politique agressive, et que la plupart des petites cours allemandes conservassent leurs sympathies pour celle de Saint-Pétersbourg, l'Autriche ne tarda pas à faire un pas de plus. Le 2 décembre 1854, elle s'engagea, par un traité solennel signé avec la France et l'Angleterre, à déclarer la guerre à la Russie, si les quatre points n'étaient pas à bref délai catégoriquement acceptés par celle-ci. Sans avoir été partie dans la lutte, le cabinet autrichien fut donc l'inspirateur véritable du traité qui a rompu en Orient les mailles d'un réseau séculaire, et l'empereur Nicolas vécut assez pour voir ce que ce prince considérait, à son lit de mort, comme une monstrueuse ingratitude, et ce que la postérité envisagera comme un grand acte d'imprévoyance.

Le joug de la Russie était dur sans doute, le vieux prince de Metternich l'avait souvent éprouvé, et le récent service rendu à l'Autriche durant la guerre de Hongrie avec une sorte d'indifférence superbe ne l'avait pas rendu plus léger; mais celle-ci avait-elle donc ses seuls intérêts aux bouches du Danube, et ce qui pouvait se passer à Jassy ou à Galatz lui importait-il plus que ce qui se préparait à Milan et à Venise?

Pousser la Russie au désespoir et lui rendre un jour la vengeance légitime, n'était-ce pas se découvrir complétement du côté de l'Italie? L'Angleterre de lord Minto et de lord Palmerston lui donnait-elle au delà des monts toute sécurité, et croyait-elle la France impériale assez irrévocablement enchaînée à la politique conservatrice pour qu'il fût prudent de ne se réserver aucune alliance au cas où il conviendrait au tout-puissant auteur des *Idées napoléoniennes* de changer d'attitude et de mettre ses actes en accord avec ses écrits, en appliquant à l'Italie et peut-être à la Pologne la théorie des nationalités? Blesser au cœur la Russie, se séparer de la Prusse, de la Bavière, de la Saxe, du Wurtemberg et des nombreux petits États liés au cabinet de Saint-Pétersbourg par d'étroites affinités, c'était témoigner à la France pour un avenir indéfini une confiance qui, en flattant beaucoup sans doute le cabinet des Tuileries, ne laissa peut-être pas que de l'étonner un peu. Et dans quelles circonstances les ministres du jeune François-Joseph livraient-ils ainsi les destinées de leur pays et lui préparaient-ils un isolement formidable? C'était au moment même où, sans aucun motif avouable, le Piémont, accédant à l'alliance anglo-française, passait à l'état de belligérant [1], et quand l'envoi de quinze mille hommes en Crimée sous le drapeau tricolore italien pouvait laisser pressentir aux esprits les moins clairvoyants que toutes les questions ne se résoudraient pas en Orient, et que la France n'avait dit son dernier mot à personne! En signant le traité du 2 décembre, l'Autriche, sauvée en 1849 par la Russie, croyait montrer un génie politique supérieur aux vulgaires devoirs de la reconnaissance : ce génie-là allait faire sortir, après trois ans, le traité de Zurich des quatre points formulés à Vienne.

L'entrée de l'Autriche dans le concert occidental, l'attitude réservée de la Prusse, le mystérieux concours prêté par le Piémont aux cabinets alliés; le traité conclu par ceux-ci avec la Suède [2]; enfin, dans un sens tout opposé, la convention de neutralité maritime signée entre les États-Unis et la Russie avec l'admission du roi de Naples, tous ces faits, émanés ou d'arrière-pensées ambitieuses, ou de terreurs profondes, constataient qu'aucun lien ni traditionnel ni fédératif

[1] Traité du 26 janvier 1855.
[2] Traité du 21 novembre 1855.

n'existait plus en Europe, et que les dernières traces de l'œuvre de 1815 y avaient pour jamais péri. Au sein de cette universelle dissolution, la France, qui avait triomphé à l'Alma, sauvé l'armée anglaise à Inkermann, et devant laquelle venaient de tomber les remparts de Malakoff, ne rencontrait plus que des cœurs divisés par des rancunes incurables, et des alliés qu'elle n'avait guère moins humiliés que ses ennemis, par la vigueur toujours décisive de son concours.

Le cabinet des Tuileries comprit que, dans une pareille situation, la paix était son premier intérêt. Pourquoi fournir soi-même, en effet, à l'Angleterre, aussi atteinte dans son prestige par nos succès communs que la Russie pouvait l'être par sa défaite, l'occasion si ardemment souhaitée d'une éclatante revanche maritime? Pourquoi lui donner à Cronstadt un nouveau champ de bataille, et à la destruction de la flotte de la mer Noire joindre gratuitement celle de la flotte de la Baltique? Pourquoi descendre ainsi au second rôle après avoir si glorieusement rempli le premier, et faire les affaires de ses alliés après avoir achevé les siennes? Lorsque l'empereur Napoléon III avait saisi avec un si parfait à-propos l'occasion de donner une leçon personnelle à l'empereur Nicolas, il n'avait songé ni à frapper la Russie, ni moins encore à ressusciter le cadavre de l'empire ottoman : il avait l'assurance dorénavant que ce serait à Paris, et non plus à Londres, que les czars viendraient porter leurs secrètes confidences, et ceci lui importait plus que tout le reste. La paix était donc certaine, puisque la France la voulait, et que cette puissance était assez forte pour imposer sa volonté à ses alliés aussi bien qu'à ses ennemis.

Le traité de Paris était signé d'avance. Les stipulations de cet acte, aggravées par une cession territoriale en Bessarabie et par une clause limitative des forces navales russes dans la mer Noire, avaient été originairement déterminées par l'Autriche. Le cabinet autrichien tenait, en effet, cette combinaison pour une immense victoire remportée sans combat, et se croyait dirigé par les plus habiles diplomates du monde. Toutefois, en retournant à Vienne, ses plénipotentiaires au congrès avaient été contraints d'y rapporter le protocole du 8 avril relatif aux affaires d'Italie; et, si aveuglés qu'ils pussent être par leur succès du jour, il était bien difficile qu'ils ne commençassent pas à estimer leur victoire à son juste prix, et à redouter un avenir qu'ils s'étaient mis dans l'impossibilité de conjurer.

Pendant que l'Autriche sacrifiait sa sécurité à

ses ressentiments, le second Empire profitait heureusement des événements accomplis. Il venait de mettre son attitude en Europe en accord avec celle que les circonstances de son avénement lui avaient imposée à l'intérieur. Il devenait un gouvernement conservateur et modéré, après une grande guerre brillamment terminée, pouvant ainsi faire concorder les traditions militaires, inséparables de son nom, avec les espérances pacifiques qui lui avaient assuré le concours des intérêts industriels et agricoles.

Ceux-ci avaient passé trop facilement condamnation sur l'établissement de la dictature, pour se montrer difficiles sur le mécanisme de la constitution nouvelle et sur la part très-restreinte d'attributions réservée aux divers pouvoirs publics. L'ordre régnait, les prix haussaient, la spéculation avait retrouvé toute son audace et rencontrait dans les sphères les plus élevées des encouragements et des exemples. Le nouveau régime dépassait donc toutes les espérances en perspective desquelles il avait été acclamé. Peu versés, pour la plupart, dans les sciences sociales, les hommes de Bourse n'avaient pas encore appris que les libertés publiques ne sont inutiles ni au crédit d'un grand pays, ni à sa richesse.

Par une coïncidence singulière, le monde

religieux pensait alors, quoique par des motifs très-différents, à peu près comme le monde financier. Le clergé semblait vouloir engager irrévocablement les destinées de l'Église dans celles de l'Empire, en confondant ces deux causes. Fils du peuple, le prêtre de notre temps n'oublie pas les légendes de la chaumière où s'est écoulée son enfance, et rien ne s'explique mieux, quelque étonnement que ce fait ait quelquefois paru susciter, que le concours spontané prêté par lui à la restauration de ce pouvoir impérial consacré par les mains de Pie VII. Ce n'est pas qu'un tel concours dût avoir pour conséquence logique l'immolation des doctrines de liberté qui venaient de protéger si efficacement le clergé dans la crise de 1848. J'aurai bientôt à indiquer par quelle suite d'idées et d'illusions on se trouva conduit à répudier les garanties dont le maintien intéressait à la fois la cause de l'Église et l'honneur de ceux qui en avaient si largement profité. Quoi qu'il en soit, l'attitude prise par la plus grande partie du public religieux donna au pouvoir une force immense. Elle hâta la dissolution des partis, avancée déjà par les efforts vainement tentés pour les réunir, et l'Empire ne s'entendit pas sans complaisance proclamer invincible à la tête de 400,000 soldats et de 40,000 prêtres. L'alliance intime, célébrée par les évêques et que les cardinaux étaient venus représenter officiellement au Sénat, semblait avoir été consommée pour toujours, tant elle était profitable au pouvoir. C'était en s'appuyant sur le clergé que le gouvernement impérial entendait diriger le suffrage universel, qui, dans certaines provinces, marchait alors au scrutin bannières en tête. Il paraissait penser d'ailleurs que, pour entretenir le bon accord, la principale, pour ne pas dire l'unique condition, serait d'élargir les allocations inscrites au budget des cultes, chapitre des bâtiments. C'était une erreur grave, car derrière les intérêts qui parlaient haut il y avait les consciences capables dans l'occasion de parler plus haut encore. De là des mécomptes réciproques dont nous aurons à juger les conséquences.

CHAPITRE II

DEUX POLITIQUES POSSIBLES APRÈS LE CONGRÈS DE PARIS

Le traité de Paris fut pour le second Empire ce que le traité de Tilsitt avait été pour le premier. Cet acte marqua l'apogée d'un pouvoir qui, après avoir aussi fortement jeté ses premières assises en plein terrain conservateur, ne pouvait plus les déplacer sans altérer son caractère. Par une accumulation de fautes politiques et de mauvais procédés, l'empereur Nicolas semblait avoir rivé Napoléon III à la cause du droit et des traités. Engagé dans une guerre légitime, qui fut l'honneur de son règne comme la guerre d'Italie en a été la fatalité, le restaurateur de l'Empire avait eu la bonne fortune de révéler simultanément à l'univers le secret d'une double faiblesse, en frappant d'un même coup le prestige de l'Angleterre et celui de la Russie. Il avait annulé la Prusse, admise, comme par grâce, à signer au dernier moment les actes de Paris sans avoir participé à leur négociation. Il avait compromis l'Autriche en rendant à cette cour l'ingratitude plus périlleuse pour l'avenir qu'elle ne lui avait d'abord été profitable. Il avait enfin constaté que, grâce aux progrès de la science, la rapide disponibilité de nos forces militaires n'était pas moins redoutable que leur élan. La France s'était montrée, durant les conférences de Vienne, plus soucieuse du rétablissement de la paix que de succès nouveaux, et les victoires d'Inkermann et de l'Alma l'avaient laissée moins exigeante que l'Autriche, quoique celle-ci n'eût à placer en regard de pareils titres que d'obscures machinations diplomatiques. Aussi Paris se trouva-t-il désigné d'une voix unanime comme le centre naturel d'une négociation dans laquelle la modération du vainqueur rendrait plus facile la résignation du vaincu. Cette cité, où la victoire baptisait alors des voies triomphales, pendant que l'industrie des deux mondes y exposait ses merveilles, fut donc le siége d'un congrès qui restera comme une grande date dans l'histoire du droit des gens. Les stipulations spéciales de la paix de Paris et les principes généraux qui s'y rattachent, signalèrent en effet un progrès considérable, dont les conséquences ne manqueront pas de se dérouler.

Je ne fais pas consister ce progrès dans la garantie européenne donnée par l'article 7 du traité du 30 mars 1856 à l'intégrité de l'empire ottoman, car la civilisation chrétienne infirme son propre droit chaque fois qu'elle s'incline devant celui de la barbarie. Un empire incapable de conquérir jamais les conditions élémentaires de la famille et de la sociabilité, ne peut avoir, au milieu de populations qu'il opprime, qu'une existence de fait, et les nécessités de l'équilibre lui maintiennent seules un titre qui ne saurait jamais revêtir un caractère définitif. C'est dans cet esprit qu'il faut comprendre les stipulations de 1856, car celles-ci furent moins destinées à étayer une puissance en ruine qu'à empêcher sa chute de profiter à l'impatiente ambition qui avait pris hypothèque sur les belles contrées stérilisées par l'incurie musulmane.

En substituant, dans l'intérêt des populations chrétiennes, le protectorat des grandes puissances au droit particulier assuré à la Russie par les dispositions du traité de Kaynardgi, en plaçant les Principautés sous le patronage et la garantie collective de l'Europe, on songeait moins à consolider une domination odieuse qu'à biffer les titres dont pouvaient se prévaloir les successeurs de Catherine, afin de s'installer dans l'héritage qu'ils entendaient se réserver. Lorsqu'elle déniait leur droit et qu'elle affirmait le sien, l'Europe rendait la Russie plus faible, sans rendre au fond la Turquie plus forte. Elle avançait, bien loin de la retarder, l'heure d'une dissolution qui demeure la meilleure chance encore ouverte au redressement de grandes iniquités séculaires.

La neutralisation de la mer Noire, transformée en mer commerciale, les prévoyantes dispositions prises pour garantir contre tout obstacle la libre navigation du Danube, sont les premières assises d'un édifice dont le couronnement sera la pacification maritime. En attendant cette heure, qui sonnera pour la génération prochaine, le congrès de Paris sanctionna sans débat toutes les doctrines internationales si longtemps contestées par la puissance dominatrice des mers. Ces principes, en vertu desquels la propriété des neutres est réputée sacrée, et qui protégent la propriété ennemie, même sous pavillon neutre, ces vérités tutélaires que des torrents de sang n'avaient pu faire prévaloir, étaient proclamées d'une commune voix dans ces grandes assises européennes sur lesquelles semblait souffler l'esprit de paix et de justice. La religieuse nation qui avait eu l'honneur de payer au prix d'un demi-milliard l'abolition de la traite des hommes, signait, sur la proposition de la France, l'abolition de la course, qui est la traite des choses, et renonçait solennellement, en matière de saisie et de blocus, à des principes passés au nombre de ses plus vieilles traditions. Enfin, l'établissement d'un préliminaire de conciliation exercée par une haute justice de paix européenne entrait pour la première fois dans les stipulations d'un traité, sur la proposition du premier plénipotentiaire de la Grande-Bretagne, chaleureusement appuyée par la France [1].

Nos succès militaires ont donc été associés, en 1856, à des conquêtes morales qui, malgré les difficultés passagères d'application, ne seront certainement pas perdues pour l'humanité. L'expédition de Crimée avait changé la face du monde en dissolvant pour jamais l'alliance formée à Chaumont et fortifiée à Vienne dans la double pensée de contenir la France et de résister à la révolution. En séparant l'Autriche de la Russie, en rapprochant la France de l'Angleterre, cette guerre avait fait disparaître le dernier souvenir de la sainte alliance. L'œuvre mystique d'A-

[1] Congrès de Paris, protocole 23, séance du 14 avril 1856.

lexandre, si habilement exploitée par le prince de Metternich, s'était modifiée sans se dissoudre après la révolution de 1830. A son caractère religieux et monarchique s'était substitué celui d'une conférence permanente formée à Londres, sur une base toute politique, entre les cinq grandes puissances signataires de l'acte d'Aix-la-Chapelle. La disposition insérée au protocole du 14 avril 1856, sans revêtir la forme strictement obligatoire que l'avenir ne manquera pas de lui conférer, tendait à consacrer un autre système, et celui-ci rompait la chaîne des traditions formées aux réunions princières de Troppau, de Laybach, de Vérone, et maintenues par la conférence de Londres jusqu'à la veille du 24 février.

Le congrès de Paris accomplit simultanément deux œuvres peu concordantes. En brisant les derniers liens qui rattachaient encore l'une à l'autre les cours continentales, il retira à l'antique édifice ses derniers étais ; mais il ne jeta les fondements d'aucune alliance nouvelle. De là la situation où s'agite aujourd'hui le monde, entre un passé qui ne le protége plus et un avenir qui se révèle par des intuitions partielles et prématurées. Un seul résultat immédiatement visible sortit du traité du 30 mars : la France, si longtemps menacée par l'Europe, la menaçait-

à son tour ; les anciennes alliances étaient remplacées par des inimitiés incurables, et l'absence de tout système fédératif entre les grandes cours assurait au second Empire une liberté d'action dont l'excès allait être son principal péril, car la force isole tout autant que la faiblesse.

Jamais pouvoir n'avait conquis une position plus forte au dehors, moins menacée au dedans. Dans cette guerre, acceptée par la conscience publique, où le succès avait effacé le souvenir d'entreprises intérieures moins approuvées, toutes les classes de la société française avaient versé leur sang généreusement confondu. Les institutions constitutionnelles du second Empire tenaient à cette époque trop peu de place dans les préoccupations publiques pour que leur insuffisance devînt un texte d'attaque que ne pouvaient guère se permettre d'ailleurs des adversaires désarmés. Cette insuffisance ne paraissait pas inquiéter davantage les amis peu nombreux de la veille, auxquels s'était réunie la légion toujours nombreuse des amis du lendemain ; aucun d'eux ne mettait en doute que le pays ne gardât toujours l'effroi salutaire de la démagogie, au point de ne faire de retour vers le passé que pour le maudire. Ils avaient si heureusement assuré leur fortune qu'ils croyaient la nation exclusivement occupée du soin de faire la sienne. Lors donc que quelques voix isolées s'élevaient du sein de l'universel silence pour rappeler que les principes de 89, proclamés par le second Empire, n'étaient compatibles ni avec la suprématie militaire, ni avec le mutisme d'assemblées sans autorité ; lorsqu'elles se permettaient de faire entendre que les émotions malsaines de la Bourse étaient plus périlleuses, même pour le pouvoir, que les agitations de la vie parlementaire, ces voix importunes étaient bien vite étouffées par le chœur discipliné qui conviait la France à monter au Capitole sur les débris fumants de Sébastopol et de la république.

Les quinze cent millions d'emprunts directs souscrits par les populations, le milliard de valeurs équivoques dont la spéculation les avait fait suivre, la confusion fatale opérée entre la science du crédit, qui est l'escompte légitime du travail, et l'art de l'agiotage, qui en est la simulation ; tant de croyances perdues et d'ardeurs surexcitées rappelaient à toutes les mémoires les flétrissures indélébiles de 1722. En substituant la fièvre de la Bourse aux luttes de l'intelligence, la France de 1856, si grande qu'elle fût au dehors, se plaçait sur la pente rapide qui conduit du bien-être à la corruption, de la répudiation de la morale publique aux catastrophes où la richesse s'abîme avec l'honneur. Les ennemis de la liberté rencontraient d'ailleurs des auxiliaires fort honorables mais peu attendus. Des écrivains, qui avaient ardemment concouru à l'établissement de l'Empire, et qui entretenaient alors l'espérance de lui imprimer un caractère dogmatiquement catholique, cherchaient dans des traités de théologie des arguments pour la dictature. Submergé par le flot toujours montant de la marée industrielle, traqué par les théoriciens du Césarisme et par quelques docteurs au nom de l'orthodoxie, insulté par les hommes qui l'avaient le plus compromis, le gouvernement représentatif rencontrait en face de lui la conspiration de tous les sophismes, de toutes les convoitises et de toutes les bassesses.

Mais quel emploi le nouvel Empire allait-il faire de la force qu'un tel concours lui avait assurée ? En userait-il pour la guerre ou pour la paix, pour fonder la liberté ou pour établir une sorte de dictature ? Réveillerait-il les instincts d'un peuple militaire ou se préoccuperait-il principalement de sa situation intérieure ? Ne voudrait-il pas rapprocher par des concessions prudentes de l'établissement nouveau ceux qui, après avoir prêté au président de la république un loyal concours, s'en étaient séparés à l'heure d'un attentat amnistié depuis par la volonté nationale? Napoléon III replacerait-il enfin la France dans le courant ordinaire des idées politiques qu'elle avait professées durant trente ans, ou persisterait-il à le remonter?

Ces préoccupations étaient d'autant plus naturelles, que la force acquise alors par le pouvoir semblait lui conseiller un grand acte de nature à faire cesser enfin la périlleuse incertitude qui ne troublait pas moins les intérêts que les intelligences. Aucune heure n'aurait été plus propice pour travailler à ce complément de l'édifice, dont la promesse rassurait la conscience du pays chaque fois qu'il revenait à l'indestructible puissance de ses souvenirs. C'était après le traité de Paris que le pouvoir impérial, libre de toute difficulté en France et en Europe, aurait eu tout avantage à promulguer ce décret du 24 novembre 1860, rendu après le traité de Zurich, sous le coup des émotions et des difficultés inextricables sorties de la guerre d'Italie.

Du moment où, dans des circonstances aussi favorables, aucune atténuation n'était apportée au système en vigueur depuis 1852, il ne fallait pas une grande perspicacité pour prévoir qu'après la question de Crimée, il ne tarderait point à s'en élever une autre, et que de nouvelles combinaisons extérieures allaient bientôt se dérouler. Longtemps avant les paroles historiques adressées au ministre d'Autriche, au 1er janvier 1859, les esprits pénétrants pouvaient s'attendre à une nouvelle entreprise militaire, une œuvre éclatante étant en effet nécessaire pour absorber l'activité d'un peuple mal à l'aise dans le cercle de ses institutions, et duquel il fallait dire, comme Thucydide des Athéniens : « Qu'il ne pouvait supporter le repos qu'en le ravissant aux autres[1]. »

Deux questions étaient comme en permanence en Europe, la question d'Italie et la question d'Orient. Dans la disponibilité absolue de ses forces, que lui avait si heureusement ménagée la fortune, laquelle des deux le secoud Empire avait-il le plus d'intérêt à soulever? Je demande la permission de le rechercher.

L'Italie s'agitait sous la domination étrangère qu'elle n'avait pu, dans aucun siècle, ni supporter ni secouer. Quoique exagérées dans leur expression, ses souffrances étaient véritables, car la domination autrichienne était antipathique à une nationalité vive et délicate; elle contrariait

[1] De bello Pelop., lib. I, cap. LXX.

ses instincts et sa fierté, lors même qu'elle ne blessait pas ses intérêts. Depuis que Charles-Albert avait calqué son statut constitutionnel sur notre charte, l'agitation s'était étendue à toute la Péninsule, car il n'était aucune plainte qui n'eût à Turin un retentissement assuré, aucune machination qui n'y rencontrât un gouvernement toujours prêt à en profiter. La victoire de Novare avait peu servi l'Autriche, car celle-ci avait été contrainte de laisser debout des tribunes plus redoutables pour elle que ne l'étaient pour les patriotes italiens les forteresses du Quadrilatère. Cette guerre sourde contre l'étranger, et la garde si bien montée par le vaillant roi de Sardaigne au pied des Alpes depuis 1848, désintéressaient complétement la France dans les affaires d'Italie, quant à sa propre sûreté. Le régime constitutionnel avait forcément arraché le Piémont à l'influence allemande; il suffisait donc de prendre cet État et ses institutions politiques sous notre garantie patente pour que l'Autriche, toujours inquiétée sur l'Adige, fût dans l'impossibilité manifeste de venir jamais nous menacer sur le Var.

Maintenir cette situation était la seule chose qui importât à nos véritables intérêts. Aller plus loin, et commencer par l'Italie le remaniement territorial de l'Europe, c'était entrer dans les affaires générales par le plus mauvais côté; car une pareille entreprise était celle où le succès nous ménageait les moins bonnes chances, où un revers nous aurait préparé les épreuves les plus terribles. En mettant le pied sur un sol miné par les sociétés secrètes, on rencontrait des auxiliaires plus redoutables que des ennemis. L'Empire acclamé par tous les gouvernements conservateurs, depuis Saint-Pétersbourg jusqu'à Rome, se trouvait conduit, soit à combattre ses alliés italiens, au risque de les provoquer à d'implacables vengeances; soit à les suivre, au risque plus grand encore de s'affaiblir en changeant à l'intérieur les bases mêmes de sa politique. Le pouvoir qui recevait alors le concours sans réserve du clergé allait être amené à soulever lui-même des questions religieuses indissolublement unies aux questions politiques, avec la certitude de rencontrer, d'un côté, des passions furieuses, de l'autre, des résolutions immuables.

Il était aussi aisé de prévoir ces difficultés-là en 1859, qu'il l'est aujourd'hui de les énumérer. Ne pas reculer devant elles lorsque les circonstances les imposent pourrait être envisagé comme un acte de courage; les susciter gratuitement par sa propre initiative, c'était une œuvre téméraire que le succès n'aurait pas justifiée et pour laquelle le succès même a manqué. Si le caractère restrictif des institutions rendait nécessaire d'occuper de nouveau au dehors l'activité de la nation ; si les luttes héroïques de la Crimée n'avaient point suffi pour donner à nos drapeaux un baptême glorieux, il était un théâtre où la diplomatie impériale aurait rencontré de merveilleuses facilités pour provoquer des événements de nature à y appeler nos armes avec moins de péril et plus de profit.

Les stipulations protectrices des Rayas, sujets de la Porte, insérées au traité de Paris, n'avaient pas suspendu les violences d'uu régime dont l'Europe chrétienne est responsable, puisqu'il ne suffit pas qu'une œuvre soit difficile pour cesser d'être obligatoire. Avoir laissé vivre la Turquie et laisser aujourd'hui périr la Pologne ; se désintéresser du sort de l'une parce que trois spoliateurs en détiennent les lambeaux ; ne pas s'inquiéter du sort de l'autre, parce qu'en Orient la tyrannie est séculaire, ce sont là des apophthegmes professés par l'infatuation diplomatique et par l'égoïsme mercantile, mais qui n'empêchent pas le sang versé de peser dans la balance de l'éternelle justice. N'en déplaise aux esprits forts, aussi aveugles en polilitique qu'en religion, Dieu fait payer, à son heure, aux gouvernements et aux peuples les dettes qu'ils méconnaissent ou qu'ils refusent d'acquitter. L'oppression ne prescrit jamais, si vieille ou si puissante qu'elle soit ; et depuis qu'il existe des sociétés sur la terre, la civilisation est investie d'un droit supérieur à celui de la barbarie. Toute l'économie de l'histoire est fondée sur cette mission salutaire qu'il appartient aux nations chrétiennes d'accomplir, non pas en consacrant avec scandale l'existence politique de sociétés réfractaires à tous les progrès, mais en professant, même au profit de celles-ci, lorsque l'heure est venue de les renverser, le respect des droits inviolables de la justice et de la conscience. C'est parce que la France a mieux compris que personne ce devoir sacré ; c'est parce qu'elle a toujours été dans le monde le soldat du droit qu'elle marche à la tête des peuples, ayant eu seule l'insigne honneur de faire la guerre pour une idée.

Jamais occasion ne s'en était plus naturellement présentée qu'en 1859. Personne n'a oublié qu'à la veille de la campagne d'Italie les scènes de cannibales de Djeddah préparaient à Damas et à Deir-el-Kamar l'hécatombe colossale qui peu après épouvanta le monde. Quand on évoque ce sanglant souvenir et qu'on se dit qu'un peu plus tard la malheureuse Pologne a répandu plus de sang dans une seule année pour obtenir le droit de prier et de vivre, que l'Italie n'en a versé durant plusieurs siècles pour fonder son unité; lorsqu'en regard des divisions profondes sorties des questions péninsulaires, on place l'accord enthousiaste qui aurait accueilli le second Empire préparant la renaissance de la Pologne par l'ouverture de la question d'Orient, on a le devoir de rechercher si une telle perspective était alors absolument chimérique, et si cette œuvre-là n'aurait pas été plus nationale que la fondation d'une grande monarchie italienne.

Au lendemain de la paix de Paris, de nombreuses difficultés avaient déjà surgi dans la Turquie d'Europe par suite de l'organisation des deux principautés roumaines, de la révolution de Servie et des querelles toujours ouvertes entre l'État du Monténégro et la puissance suzeraine. Dans le cours de ces diverses négociations, la France avait proclamé des principes libéraux aussi peu agréés à Vienne qu'à Constantinople. L'Angleterre ne lui avait prêté qu'un concours fort réservé, et nos rapports chaque jour plus intimes avec la cour de Saint-Pétersbourg nous mirent seuls en mesure de faire prévaloir dans ces contrées des vues généreuses. Les difficultés étaient plus graves encore dans les provinces directement soumises à la domination ottomane. Personne n'a oublié qu'avant le massacre des chrétiens de Syrie, la Russie avait signalé à l'indignation de l'Europe les scandales et les iniquités journellement accomplis sans répression dans toutes les provinces de la Turquie d'Europe. Ces désordres étaient en effet si éclatants, que l'Angleterre avait été conduite à les confesser, malgré son parti pris de fermer les yeux, et qu'on avait vu les *Blue Books* accueillir un acte d'accusation dressé contre la Porte par les agents consulaires de la *première puissance musulmane*.

Ce fut dans ces douloureuses circonstances que le prince Gortschakoff, prenant une initiative qui causa la plus vive émotion parce qu'elle semblait laisser pressentir un concert avec la France, réclama au nom de son maître « la formation d'une « conférence pour changer un état de choses de« venu intolérable, et qui pourrait, en se prolon« geant, mettre en danger l'intégrité de l'empire « ottoman et les intérêts généraux de l'Europe. »

Lorsque les stipulations toutes récentes d'un traité conquis au prix de tant de sang avaient conduit à une telle situation; quand la Turquie affichait à ce point ou le mépris de ses devoirs ou l'impuissance de les remplir, il n'aurait pas été plus difficile pour la France que pour la Russie de faire sortir d'une pareille crise une intervention armée. Moins d'habileté diplomatique aurait été nécessaire pour provoquer en Orient un ébranlement général, dans l'état d'agitation où étaient alors toutes les populations chrétiennes, depuis Athènes jusqu'à Belgrade, qu'il ne s'en dépensa à Turin et à Plombières pour libeller les griefs exposés dans l'allocution trop fameuse au ministre d'Autriche. L'Empire pouvait à son choix porter ses drapeaux sur le Bosphore ou sur le Mincio ; il était en mesure de prendre à volonté pour objectif de sa politique Rome ou Constantinople : Rome qu'on ne pouvait menacer sans troubler tous les cœurs catholiques, Constantinople où l'on était assuré de rencontrer, le jour où l'on ferait chanter la messe à Sainte-Sophie, l'adhésion de tous les cœurs chrétiens. S'il crut plus habile d'ouvrir un vaste champ à l'ambition du Piémont que de présenter à la Russie l'occasion d'une revanche ardemment souhaitée par le vieux patriotisme moscovite, il ne m'est pas interdit de rappeler que des serviteurs très-zélés de la dynastie impériale exprimèrent alors un avis contraire. Personne n'a oublié que la politique italienne, inaugurée par le mariage princier qui en fut le prologue, et probablement la condition, excita les plus vives répugnances jusqu'au sein du Corps législatif, où un silence alors obligé mit d'ailleurs les opinions en accord facile avec le dévouement.

Sous le coup de l'insurrection qui avait mis en feu ses possessions de l'Inde, l'Angleterre aurait éprouvé en 1859 les plus sérieux embarras pour s'opposer à main armée aux vues de la France et de la Russie en Orient, dans l'hypothèse où un concert préalable se fût établi entre ces deux cours. Si l'Autriche n'a pas le goût des entreprises chanceuses, elle a l'instinct sûr pour pressentir les événements, et l'esprit le plus dégagé pour s'en accommoder. Ses répugnances pour les nouveautés ne tardent jamais à fléchir devant l'appréciation de ses intérêts. La question d'Orient a d'ailleurs sur celle d'Italie un avantage immense : elle n'est pas géographiquement circonscrite, elle admet les combinaisons les plus variées et n'impose de sacrifice gratuit à personne. L'autonomie des principautés du Danube n'est pas encore un article de foi ; et ces vastes provinces habitées par des populations courbées sous le bâton de l'Osmanlis, comme les noirs sous le fouet du commandeur, constatent assez, par leur aspect d'irrémédiable désolation, qu'une répartition nouvelle des territoires entre les grands pouvoirs européens pourra seule faire luire pour ces malheureuses contrées des jours meilleurs, en préparant dans les autres parties de l'Europe une division plus conforme aux vœux des peuples. Est-il un esprit sensé qui puisse chercher la rançon de Varsovie et celle de Venise ailleurs que dans l'empire ottoman ; et le concert européen, vers lequel le gouvernement impérial s'efforce très-sagement de ramener la politique des cabinets, peut-il aboutir à des solutions sérieuses avant l'ouverture de la question d'Orient?

Peut-être ces lointaines perspectives ne pouvaient-elles être immédiatement abordées dans leur ensemble. Les affaires auxquelles est suspendu le sort du monde n'aboutissent pas en un jour, et le temps reste toujours le premier ministre de la Providence. Mais les grands gouvernements escomptent l'avenir ; ils l'avancent et le préparent par l'unité dans les conseils et la suite dans la conduite. Mazarin songeait dès le traité des Pyrénées à la succession d'Espagne ouverte un demi-siècle après lui. Si le second Empire, plus libre dans ses desseins après le Congrès de Paris qu'aucun autre pouvoir ne le fut jamais, avait assigné pour but principal à son action extérieure la rectification de l'état territorial de l'Europe par une entente avec la Russie sur la base de la restauration de la Pologne et de la division de l'empire turc ; s'il avait pris l'irrévocable résolution d'abandonner les bords du Rhin pour transporter vers les rives asiatiques de la Méditerranée les ambitions qu'on persiste à lui prêter et que sa puisance rend vraisemblables, il aurait dépensé en Orient plus fructueusement qu'en Italie des efforts profitables à l'humanité comme à la France.

Des obstacles temporaires pouvaient se rencontrer peut-être dans les engagements ou les dispositions des personnes : mais il est en politique des courants irrésistibles sur lesquels il faut compter, comme il y a sous certaines latitudes des vents fixes dont l'art du navigateur consiste à profiter. Les esprits habiles louvoient entre des intérêts variables ; les grands esprits vont droit à l'intérêt permanent dont ils avancent l'heure en sachant l'attendre. La question d'Orient, ouverte entre le massacre de Djeddah et celui de Deir-el-Kamar, pouvait conduire à deux résultats également possibles. S'il était plus à croire qu'elle se fût dénouée par une guerre maritime avec l'Angleterre, il n'était pas interdit d'en poursuivre la solution par la voie diplomatique, car une conférence européenne était beaucoup moins difficile avant la guerre d'Italie et l'insurrection polonaise qu'à l'époque où la France a cru pouvoir la proposer. Des influences très-puissantes exerçaient dès lors sur les conseils de la Grande-Bretagne la pression pacifique dont l'abandon du Danemark a récemment donné au monde la mesure inattendue. Cette pression-là aurait probablement été plus vive encore quand l'Inde, insurgée des bouches du Gange au pied de l'Himalaya, paralysait toutes les forces de la nation. A cette heure critique dont il a été ou très-inhabile ou très-généreux de ne pas profiter, les armements de l'Angleterre étaient fort au-dessous de ses périls; ils n'ont atteint le niveau formidable où nous les voyons portés aujourd'hui que sous l'imminence des craintes suscitées en Europe depuis 1860 par l'adjonction de la Savoie à la France.

Quel accueil aurait-on fait à Londres en 1859 à des ouvertures analogues à celles que l'infatuation de l'empereur Nicolas avait prématurément adressées à sir Hamilton Seymour, si de pareilles ouvertures y étaient simultanément arrivées de Paris et de Saint-Pétersbourg, et s'il avait fallu choisir entre une guerre imminente et un partage avantageux? Nul ne le saurait dire. L'Autriche, de son côté, n'aurait-elle pas marché au profit, comme à la guerre tout général bien dressé marche au canon, et n'aurait-elle pas mieux aimé avoir la France pour alliée dans la question d'Orient que pour adversaire dans la guerre d'Italie? Enfin, dans l'hypothèse d'une résistance absolue que semblent démentir le caractère mieux connu des hommes d'État britanniques et les faits aujourd'hui consommés en Danemark, le Gouvernement impérial, garanti, en tout état de cause, contre le péril d'une coalition continentale, n'aurait-il pas rencontré au cœur même de la nation, dans une lutte maritime, pour laquelle la vapeur avait presque égalisé les forces, la puissance des vieilles heures rajeunie par l'éclat des plus magnifiques espérances?

Je n'exprime pas le regret que cette partie n'ait pas été jouée, car elle aurait entraîné de grandes ruines; mais si, comme il semble absolument impossible d'en douter, l'Empire était résolu dès cette époque à une nouvelle entreprise extérieure, on peut affirmer que celle-ci n'aurait pas été plus périlleuse que la guerre terminée par la paix de Villafranca, à la veille d'une lutte avec l'Allemagne tout entière. Je n'ai pas à démontrer qu'elle aurait eu sur la résolution qui a prévalu l'avantage de maintenir le pouvoir dans les voies d'où la guerre d'Italie le conduisait à dévier, moins au profit de la liberté qu'au profit de la révolution. Quoi qu'il en soit, entré dans la plénitude de sa force à la signature de la paix de Paris, le Gouvernement impérial avait accompli avec un grand éclat la première partie de sa tâche. Il allait être moins heureux dans la seconde, car il a soulevé en Europe plus de questions que ses efforts ne sont parvenus à en résoudre. Nous allons le suivre dans son action partout présente, et nous aurons à rechercher pourquoi cette action est demeurée le plus souvent inefficace.

CHAPITRE III

LA GUERRE D'ITALIE DANS SON PRINCIPE ET DANS SES CONSÉQUENCES

La guerre de 1859 est issue de la volonté des hommes plus que du cours naturel des choses : aucun événement contemporain n'engage donc à ce point la responsabilité personnelle de ses auteurs. En jouant cette partie si fortement liée, le comte de Cavour a conservé jusqu'au bout sur ses partenaires une supériorité incontestable, car seul il a fait tout ce qu'il a voulu, puisqu'en reconnaissant au lendemain de sa mort l'unité italienne, la France a semblé capituler devant son cercueil. Servi par la maladresse de ses ennemis aussi heureusement que par sa propre habileté, le ministre de Victor-Emmanuel commence par donner à l'Autriche les apparences d'une agression qu'il a su rendre inévitable, et finit en nous imposant l'obligation de concourir à l'accomplissement d'une œuvre qui renverse tous les plans du gouvernement impérial, infirme toutes ses déclarations et le laisse sous le coup de problèmes insolubles.

Quoiqu'il valût mieux, à mon avis, entrer dans les grandes transactions européennes par la porte de l'Orient que par celle de l'Italie, je n'hésite pas à reconnaître que, si les vues exprimées par Napoléon III au début de cette entreprise, n'avaient reçu du gouvernement piémontais le démenti le plus invraisemblable, elles auraient été, du moins, pleinement conformes à la politique traditionnelle de la France. Délivrer la Péninsule de la domination autrichienne depuis les Alpes jusqu'à l'Adriatique, c'était accomplir l'œuvre poursuivie par tous nos rois, depuis que Henri IV eut substitué en Italie la politique d'influence à la politique de conquête. Donner à la Péninsule, avec tous les avantages de la liberté moderne, l'organisation fédérale à laquelle l'ont préparée son génie, son histoire et sa conformation géographique, ménager ainsi, avec nos propres intérêts, les intérêts véritables d'une contrée où la vie intellectuelle émane de centres nombreux, c'était appliquer un vieux plan déjà tracé par un ministre de Louis XV aux jours mêmes où la France semblait se désintéresser des destinées du monde. Attribuer à Pie IX, l'auguste auteur du réveil de la Péninsule, la présidence d'honneur d'une grande confédération qui, en maintenant au Saint-Siége toutes ses conditions d'indépendance territoriale, l'aurait plus étroitement rattaché aux destinées de l'Italie régénérée, c'était dégager sa parole auprès des catholiques et les rassurer contre les appréhensions issues d'une guerre si contraire aux espérances entretenues par le clergé quand ses acclamations saluaient la fondation de l'Empire.

Mais cette guerre était à peine déclarée qu'une pensée qui infirmait radicalement celle de la France, se révélait avec une confiance tranquille, et que les faits de chaque jour venaient placer le pouvoir entre une accusation de mauvaise foi et une accusation d'imprévoyance. Il fallait, en effet, ou résister aux passions de l'Italie révolutionnaire, ou manquer aux engagements réitérés pris envers la France conservatrice : alternative périlleuse qui pouvait être prévue par la sagacité la plus vulgaire. Lorsque, après l'immortelle bataille de Solférino, l'empereur renonçait à poursuivre en Vénétie l'armée autrichienne, derrière laquelle se levait avec la Prusse toute la Confédération germanique, il prenait assurément une détermination des plus sages; mais il y avait moins à le féliciter de cette prudence qu'à s'étonner de ce qu'une pareille résolution semblait avoir d'inattendu. Il n'était pas nécessaire d'aller en Italie pour s'assurer que l'Allemagne ne demeurerait point l'arme au bras si la France, maîtresse de la Vénétie, pouvait, du haut des Alpes noriques, s'ouvrir la route de Munich et celle de Vienne. Le général Bonaparte lui avait tracé de son épée victorieuse le plan de sa défense en présence d'un pareil danger.

Les autres incidents n'étaient pas plus difficiles à deviner. Lorsque l'Autriche évacuait les Légations, moins par des motifs stratégiques qu'afin de rejeter sur la France le poids d'une grande responsabilité morale; quand cette évacuation amenait dans ces provinces la chute du pouvoir pontifical, à qui fallait-il indiquer les conséquences d'un tel événement? N'était-il pas manifeste qu'on venait de laisser poser un problème qui soulèverait bientôt ou la conscience du monde catholique, ou la fureur d'un parti sans croyance, mais non pas sans fanatisme? Enfin, quand la fièvre qui agitait l'Italie, sans donner beaucoup de volontaires à ses armées, eut renversé les princes dont la France consacrait à Zurich la souveraineté posthume, y avait-il à s'étonner que la pensée d'un sectaire parût l'emporter sur celle des plus illustres citoyens?

Délivrée de l'étranger, l'Italie ne put-elle pas un moment se croire capable de se délivrer aussi de son histoire? En 1860, elle a eu ses Girondins, qui la représentaient à peu près comme ceux de 1792 représentaient la France, et l'unification est pour elle ce que la république fut pour nous. Ainsi a triomphé, sans avoir été ni contrôlée ni débattue, cette idée sortie des sociétés secrètes pour s'épanouir en plein soleil, mot d'ordre de fanatiques échauffés par la poudre qu'ils n'avaient pas brûlée.

Étranger à tout mysticisme révolutionnaire, M. de Cavour ne pouvait demeurer insensible aux perspectives ouvertes par le chef de la jeune Italie; une lutte s'établit donc entre le ministre de Victor-Emmanuel et Mazzini pour savoir lequel des deux profiterait le plus du travail de l'autre. A l'acquisition de la Lombardie concédée au Piémont par la générosité de la France, M. de Cavour préféra la fondation d'une grande monarchie italienne.

Un tel changement était immense sans doute dans l'ordre européen et constituait un affaiblissement considérable de notre force fédérative; mais ce ministre ne désespéra pas de le faire consacrer même en présence de notre armée, par le chaleureux concours de tous les partis coalisés en Angleterre contre l'Église et contre la France. Il réussit, et, chose humiliante à rappeler, cette grande révolution fut accomplie aux applaudissements presque unanimes de la presse française ! L'unité de l'Italie est l'œuvre de nos journaux, bien plus que celle de la Péninsule.

Tandis que nos soldats volaient de victoire en victoire, le Piémont marchait d'annexion en annexion : aujourd'hui, les duchés et l'Italie centrale, demain la Toscane, bientôt après l'expédition des Deux-Siciles, suivie de l'entrée du général Cialdini dans les États pontificaux, afin de *protéger* à Rome la personne du Saint-Père contre Garibaldi, dont la main n'était pas en effet gantée de velours. L'idée de l'unification une fois admise à Turin, rien ne s'explique mieux qu'une pareille audace ; mais lorsque cette idée était encore repoussée à Paris, comment comprendre qu'aucun effort n'ait été tenté auprès des influences si nombreuses qui représentaient en Italie l'idée contraire ; comment s'expliquer qu'aucune mesure comminatoire ne soit venue traverser une politique qui déchirait chaque jour une page de plus des proclamations impériales? Il était naturel que M. de Cavour osât tout lorsqu'il ne courait d'autre risque que de se voir désavoué par un article du *Moniteur*.

Cet impassible organe avait opposé d'abord des dénégations énergiquement accentuées aux faits les plus patents[1]. Plus tard, le ton était devenu un peu moins affirmatif. On continuait à combattre l'unification comme impraticable; on émettait des déclarations aussi fermes que jamais sur le maintien de la puissance temporelle du Pape; mais on commençait à demander aux hommes politiques, et surtout aux hommes religieux, de ne pas s'inquiéter de l'avenir, quelles que pussent être les apparences. A ceux-là on rappelait la fortune toujours heureuse de l'Empereur, à ceux-ci on reprochait comme coupables des doutes dont ils n'auraient pas mieux demandé que d'être débarrassés, mais qu'augmentait chaque jour l'obscurité de plus en plus calculée du langage. Bientôt on réclamait un congrès, on le convoquait soi-même

[1] Le jour même où se donnait la bataille de Solférino, et lorsqu'en escomptant déjà nos victoires, le parlement de Turin avait prononcé l'annexion des duchés et l'établissement d'une administration piémontaise dans les Romagnes, le *Moniteur* publiait une note où l'on remarquait les mots suivants : « On ne semble pas se rendre un compte exact du caractère que présente la dictature offerte de tous côtés en Italie au roi de Sardaigne, et on en conclut que le Piémont, sans consulter les vœux des populations ni les grandes puissances, compte, à l'abri des armes françaises, réunir toute l'Italie en un seul État. De semblables conjectures n'ont aucun fondement. » (*Moniteur*, 23 juin 1859.)

afin de sortir d'une situation pleine d'anxiété; puis, lorsque le congrès était à la veille de se réunir, un changement à vue s'opérait sur cette scène si troublée; des influences jusqu'alors contenues l'emportaient visiblement, et des écrits semi-officiels venaient révéler à l'Europe qu'à part l'occupation de la ville de Rome, qu'elle entendait ne pas quitter, la France abandonnait au hasard des événements toutes les questions soulevées sur ce sol que la présence de son drapeau protégeait seule contre une invasion autrichienne alors imminente.

Mais ne fallait-il pas s'incliner devant le vœu des populations, puisqu'à notre politique celles-ci persistaient à en préférer une autre? Question peu sérieuse, même au point de vue du *droit nouveau*. Sans apprécier la portée des scrutins qui ont soulevé la conscience publique à Florence, à Naples et à Palerme, faut-il aller jusqu'à reconnaître au droit divin des peuples un privilége qui manqua toujours, grâce au Ciel, au droit divin des rois? Suffira-t-il désormais d'une volonté éphémère pour bouleverser par voie de plébiscite l'économie de toutes les lois internationales, et pour dégager les générations futures des obligations assumées par celles qui les ont précédées? N'y aura-t-il plus de solidarité pour les peuples, ni d'équilibre général pour les nations? Fallait-il que la France respectât les caprices de l'Italie sans que celle-ci fût obligée de tenir quelque compte à son tour et des intérêts de la France, et de son honneur engagé par la signature de son souverain? Telle est l'étrange doctrine qu'on demande aux sociétés modernes d'accepter comme un progrès. Escamoter les votes lorsqu'on tient la clef des boîtes et qu'on fait passer les votants entre les files d'une armée victorieuse, c'est à ce procédé que viendrait aboutir pour l'Europe la science nouvelle du droit public !

Les hommes qui ont applaudi avec une telle passion à l'unité de l'Italie, mais chez lesquels la haine n'a pas étouffé le patriotisme, se sont-ils bien rendu compte des conséquences qu'aurait l'unification, si la Péninsule avait jamais le chef de l'Église pour captif ou pour instrument, Gênes, Naples, Palerme et Venise pour arsenaux, et le bassin de la Méditerranée pour théâtre de son expansion future? Connaissent-ils assez peu le génie italien pour ignorer quelles furent, depuis les jours de Dante jusqu'à ceux de Gioberti, ses tendances constantes et ses jalousies implacables? Le *primato* de l'Italie sur toute l'Europe latine n'est-il pas le premier article de foi des sectaires, qui, s'ils redoutent l'Allemagne plus que la France, haïssent la France beaucoup plus que l'Allemagne ? Le rôle auquel la Péninsule aspire dans le monde est trop conforme à celui que nous y remplissons, pour qu'une rivalité ardente ne s'établisse pas entre deux peuples marchant au même but, le poursuivant sur le même théâtre et sous le stimulant d'institutions semblables.

Intérêts religieux, commerciaux et maritimes, tout sera commun entre la France défendant la grande place que lui a faite son histoire, et l'Italie prenant, si elle y parvient jamais, les ambitions et les mœurs politiques d'une nation du premier ordre. Dans le lac européen où se régleront bientôt les affaires de l'Orient, et par celles-ci toutes les affaires du monde, l'Italie ne tardera pas à trouver, même avec des ressources militaires inférieures aux nôtres, une égalité facile. Elle est beaucoup plus rapprochée de ces rivages où ses intérêts sont nombreux, où sa langue est la langue usuelle des étrangers, où elle a déjà jeté par l'industrie comme par l'histoire les racines les plus profondes. Joignez à ces avantages incalculables un littoral baigné par deux mers, et dites si, quand s'ouvrira la question principale de ce siècle, l'Italie ne se rencontrera pas vis-à-vis de la France dans une concurrence permanente ! Sera-ce avec le cabinet de Londres ou avec celui de Paris que s'élèveront pour elle les difficultés de l'avenir? Lorsque le royaume de Sardaigne ne comptait encore que cinq millions de sujets, ses prétentions étaient déjà pour nous une source inépuisable de difficultés dans les questions religieuses et politiques toujours enlacées dans les Échelles du Levant. Que sera-t-il de l'Italie avec ses vingt-quatre millions d'hommes et ses ambitions d'autant plus impatientes qu'elles sont plus tardives? Qu'en serait-il surtout si le Pontife qui, du haut d'un trône, peut menacer de la colère de Dieu l'oppresseur tout-puissant de la Pologne, n'était plus qu'un grand aumônier du roi d'Italie, inclinant sous la couronne de fer la sainte indépendance de la tiare ?

Le parti politique qui voudrait faire d'une papauté comblée d'honneurs le docile instrument d'une grande monarchie, n'est pas moins dangereux pour la France que le parti révolutionnaire, aspirant à extirper par la main de Garibaldi le *chancre qui ronge le monde*. L'espoir de substituer à la suprématie de la France celle de l'Italie sur l'Europe méridionale est le vrai motif de l'ardeur avec laquelle on revendique pour le nouvel État la possession de Rome. Aucune raison décisive ne justifie, même dans l'hypothèse de l'unité consolidée, le choix de cette ville pour capitale. Personne n'ignore que toutes les conditions économiques lui manquent pour remplir un pareil rôle. Quant aux conditions morales, il faut l'aveuglement de la haine pour croire qu'elle puisse jamais les acquérir. Si cette transformation de sa vie historique s'opérait dans la nécropole sacrée, on verrait tomber à l'instant de son front le diadème qu'y ont attaché les peuples. L'agitation parlementaire messied à Rome autant qu'elle convient à Londres et à Paris. Au milieu de ses ruines où retentit la voix des siècles, le silence seul est éloquent, et l'idée d'adosser une tribune au Colisée ou à Saint-Pierre n'est naturelle qu'autant qu'on aspire à rendre à l'ancienne maîtresse des nations l'empire du monde nouveau.

> Tu regere imperio populos, Romane, memento;
> Hæ tibi erunt artes [1].

Demander quel gouvernement étranger profitera de la rivalité organisée contre la France, est une naïveté passée de mode depuis que le représentant de la jeune Italie a reçu dans

[1] Æneid., lib. VI.

la Grande-Bretagne la visite de l'héritier du trône, qu'il y a dîné avec les ministres et serré les mains calleuses des matelots de la Tamise. Quelque confiance que puisse inspirer trop justement à une certaine presse le sens politique de ses lecteurs, la chaleur de ces démonstrations n'a pas laissé que de la troubler. Garibaldi aurait à Londres éventé la mèche, si nos feuilles patriotiques n'avaient eu à signaler à la surveillance du pouvoir la conspiration cléricale, danger beaucoup plus sérieux pour l'empire français que la constitution d'une grande puissance maritime dans la Méditerranée.

Les écrivains qui ont si fort dépassé par leur zèle ce qu'en attendait M. de Cavour lorsqu'il lia ses premiers rapports avec eux, reconnaîtraient, s'il s'agissait de l'unité allemande, que la France ferait bien d'y regarder. Mais en ce qui concerne l'Italie, les précautions leur semblent à la fois injurieuses et inutiles. Quel gage demander à des hommes qui ont rendu à l'humanité le service de débarrasser les Deux-Siciles de leur jeune tyran, et caressent l'espoir plus doux de substituer bientôt au Vatican le sabre de Victor-Emmanuel à la houlette de saint Pierre ?

Il n'est aucun besoin de démontrer à un esprit

libre que la fondation d'une grande unité nouvelle au centre même de notre action politique, si elle parvient à se constituer fortement, modifiera de la manière la plus grave la situation de la France. Depuis le premier partage de la Pologne, notre pays n'aura pas été soumis à une épreuve plus redoutable. La constitution de l'unité allemande, avec ses quarante millions d'hommes, ne serait pas un événement beaucoup plus grave que ne l'est celle d'un grand État italien, touchant, par quatre cents lieues de côtes, à l'Afrique française et à l'Asie-Mineure. Je serais juif ou protestant, que mes idées n'en seraient sur ce point-là aucunement modifiées.

Qu'on me permette, à ce propos, d'exprimer mon étonnement de ce que notre presse démocratique impute à des préoccupations religieuses les répulsions que rencontrent encore les plans de ses patrons italiens dans le bon sens national. Quelle poutre cette presse-là a dans l'œil! Écrirait-on de sang-froid ce que certains publicistes osent écrire chaque jour, et particulièrement depuis la signature de la convention du 15 septembre, si l'on n'avait établi, entre l'abaissement de l'Église et la glorification politique de l'Italie, l'antagonisme dont la doctrine mazzinienne est la seule expression sincère? On ne saurait s'abuser à ce point-là sur un intérêt français, et j'aime mieux croire à l'aveuglement de la haine qu'à celui de l'intelligence.

Le gouvernement impérial était trop éclairé pour se faire, en 1860, aucune illusion sur la portée de l'acte qu'il laissait s'accomplir. Il comprit donc que, sous peine de forfaire à ses premiers devoirs envers la France, il fallait, en reconnaissant le royaume d'Italie, assurer au moins une compensation à l'intérêt national si sérieusement compromis. L'annexion de l'Italie centrale était à peine légalement consommée par le vote du parlement piémontais, qu'il exigeait du cabinet de Turin la cession de Nice et de la Savoie [1]. Ce fut sans doute une chose heureuse que l'adjonction au territoire national de cette contrée, conquise et perdue durant les luttes religieuses du XVIe siècle, reprise au commencement de la révolution, et tellement française d'intérêt et de cœur, qu'en 1814, l'Europe victorieuse n'osa pas même nous l'arracher tout entière. Toutefois, l'attitude du gouvernement impérial en présence des attentats du Piémont avait rendu cet acte tellement nécessaire, qu'il en perdit dans l'opinion une partie de sa valeur, et que celle-ci ne tarda

[1] Traité du 24 mars 1860.

pas à se trouver encore infirmée par la conquête des Deux-Siciles et l'annexion postérieure d'un royaume peuplé de six millions de sujets.

Mais c'est au point de vue européen qu'il faut surtout considérer cette cession, afin d'en apprécier la portée sur le système général de nos alliances. En approuvant le traité de Turin, la Russie sut se ménager à Paris une bienveillance dont ses intérêts, compromis par les stipulations de 1856, lui faisaient comprendre de plus en plus la nécessité. La Suisse protesta au nom de ses droits particuliers; la Prusse et toute la Confédération germanique se prirent à jeter sur l'avenir de sombres regards. L'Autriche, non moins préoccupée que les autres États allemands, parut pourtant se consoler de ce que la France prenait la Savoie, par la pensée que le Piémont perdait pour toujours la meilleure pépinière de son armée. Mais ce fut surtout en Angleterre que cette *rectification de frontières* eut sur l'opinion publique un effet dont les conséquences latentes dépassèrent de beaucoup l'éclat des manifestations parlementaires. En vain la prévoyance impériale, usant tout à coup, en vue d'une éventualité prochaine, du droit peu soupçonné que lui conférait un sénatus-consulte, prépara-t-elle le traité de commerce du 23 janvier 1860, comme un plastron pour amortir la violence du grand coup qui se préparait. Ni ce traité, qui, de l'avis de M. Gladstone, a sauvé l'industrie britannique durant la crise américaine, ni l'empressement de la France à servir les intérêts anglais par une action partout concertée depuis la Syrie jusqu'à la Chine, ni les malheurs de la Pologne implorant une entente qui l'aurait sauvée, n'ont pu guérir la mortelle blessure portée à l'alliance des deux peuples par la réunion de la Savoie. A partir du traité du 24 mars, il ne subsista à peu près rien de l'œuvre qui avait maintenu durant trente ans la paix du monde au milieu des plus terribles épreuves. C'est à ce jour qu'il faut reporter l'ouverture de l'ère anarchique au sein de laquelle se débattent aujourd'hui tous les pouvoirs européens, entre les extrémités également périlleuses de la faiblesse et de la témérité.

Ce n'était pas l'importance de cette acquisition, toute véritable qu'elle fût d'ailleurs, qui soulevait en Angleterre des irritations si vives, en Allemagne des alarmes si chaudes. L'annexion de la Savoie ne pouvait manquer d'être envisagée par l'Europe comme le début d'un grand drame militaire, dont le second acte se jouerait à Mayence et le dernier à Bruxelles. La pensée de l'Empire parut se dégager alors des ombres dans lesquelles elle s'était enveloppée durant dix années. La question des provinces rhénanes et celle de la Belgique se trouvèrent au premier plan, sitôt que le drapeau français flotta à Chambéry et à Nice. On s'accorda pour reconnaître que la France ne ferait plus désormais la guerre pour une idée; et nonobstant son dévouement officiel au principe des nationalités, le redressement de ce qu'elle nomme ses frontières naturelles fut envisagé comme une question à l'ordre du jour.

Des appréhensions aussi générales auraient, dans d'autres temps, préparé une coalition. Mais l'Europe avait le sentiment de ses incurables faiblesses. Les campagnes de Hongrie, de Crimée et d'Italie avaient élevé entre les trois cours continentales des barrières que n'abaissèrent point de fastueuses entrevues [1]. L'Angleterre, de son côté, exerçait peu d'influence sur le continent, où la politique agitatrice de lord Palmerston avait rompu le faisceau de ses plus vieilles alliances. La France pouvait donc être sans crainte, car elle ne rencontrait alors devant elle ni un gouvernement ni un homme avec lequel l'Empire eût sérieusement à compter.

Jusqu'à quel point l'interprétation qui a pré-

[1] Entrevue de Varsovie, en 1860, entre les Empereurs de Russie, d'Autriche et le Prince régent de Prusse.

valu depuis l'adjonction de la Savoie était-elle fondée? Quelle portée avaient les suspicions contre la France dont témoignent avec une si précise éloquence les armements sous le poids desquels les finances de l'Europe sont à la veille de succomber? Je manquerais de lumière pour le décider, et peut-être de liberté pour le dire. Toutefois, les juges les mieux placés pour embrasser l'ensemble des faits estiment que les cabinets étrangers se trouvaient moins en présence d'un parti pris que d'une tentation; qu'ils avait plutôt à observer des velléités qu'à combattre des résolutions. Ils vont jusqu'à penser que, par des démarches trop obscures pour n'être pas suspectes, mais trop peu autorisées pour pouvoir aboutir, on s'est préparé à Paris tous les inconvénients d'une politique dont on n'a jamais eu la volonté arrêtée de s'assurer les périlleux avantages.

Je n'impute pas légèrement au gouvernement de mon pays des vues qui constitueraient, à mon avis, un déplorable anachronisme dans l'état actuel du monde. Mais, en gardant sur le fond des choses la réserve qui convient, comment ne pas voir et comment ne pas dire que jamais soupçons ne furent ni plus universels ni plus funestes? Ils ont paralysé la France dans l'exercice le plus légitime de sa liberté; ils ont rendu stérile l'entraînement généreux dont une entente avec l'Angleterre aurait pu faire sortir le salut d'un peuple martyr; et, lorsqu'un orage inattendu est venu fondre sur le Danemark, ces préoccupations, alors générales, ont obligé la France à s'abstenir, en présence d'une grande iniquité, afin qu'on ne soupçonnât point ses intentions. Elle aussi a pu se plaindre de rester enchaînée au rivage, non par sa grandeur, mais par la crainte qu'elle inspire.

Quand l'insurrection si tristement intempestive de la Pologne eut réveillé dans toutes les âmes la pensée de son droit immortel, le gouvernement français renonça, non sans regret, à des liaisons précieuses avec le cabinet de Saint-Pétersbourg; et, sacrifiant ses vues personnelles au sentiment du pays, il fit les efforts les plus persévérants pour engager dans une action concertée l'Autriche et l'Angleterre. Placée, par le refus de la Russie, en face d'une déclaration de guerre ou d'un grave échec moral, la France n'hésita point à proposer à Londres une intervention armée. La perspective de reprendre dans la Baltique les opérations maritimes, interrompues avec tant de regrets en 1856, y était à coup sûr fort agréable à tous les partis; et cependant ces partis furent unanimes pour conseiller la paix au gouvernement de la reine, et pour préparer à la France un isolement dont celle-ci n'a pas tardé à tirer, au détriment du Danemark, cette Pologne de l'Angleterre, une vengeance cruelle peut-être, mais certainement légitime. C'est qu'un fantôme s'était placé, depuis le 24 mars 1860, entre les deux alliés pour les séparer à toujours; c'est que la perspective de brûler Cronstadt touchait moins l'Angleterre que la chance de nous voir occuper Anvers.

Depuis que la dissolution de l'alliance anglo-française est sortie de cette guerre d'Italie, dont l'Angleterre a pourtant plus profité que nous-mêmes, l'Europe s'agite pleine d'angoisses en face d'un ordre nouveau dont personne ne semble avoir ni la vue assez nette, ni le bras assez fort pour jeter résolûment les bases. La politique se résume, pour chacun des cabinets engagés par les actes qu'ils ont tous reconnus au delà des Alpes, dans la révélation d'ambitions contenues par la terreur qu'inspire la France, appuyée sur son armée de cinq cents mille hommes et son budget de deux milliards, mis au service d'une seule volonté. Donner des contre-poids à celle-ci, c'est donner des gages à la paix plus encore qu'à la liberté.

Le droit public européen traverse une période

de transition dont il est impossible de déterminer encore la durée. L'état de nature a paru sur le point de renaître en pleine civilisation. La guerre a eu, dans le Sleswig, des horreurs que l'Europe croyait incompatibles avec cette douceur générale des mœurs, laquelle est moins une garantie contre la violence des passions populaires qu'un masque pour la cacher. La boiteuse paix de Vienne [1], imposée au Danemark par les convoitises de la Prusse et les condescendances hésitantes de l'Autriche, a transformé le principe des nationalités en un brutal instrument de conquête, et l'ambition se tient désormais pour dispensée de l'hypocrisie. Depuis la guerre d'Italie, l'Europe a mis sur pied toute sa génération virile ; la dette publique des grands États s'est élevée comme une marée toujours montante, et, malgré le bon vouloir de tous les gouvernements, le désarmement reste une chimère, parce qu'il est des questions qui, une fois soulevées, veulent être résolues. La science est vouée à la fabrication d'engins homicides, et de ruineux sacrifices sont bientôt rendus inutiles par des découvertes plus meurtrières. Cuirasser les vaisseaux et rayer les ca-

[1] Traité de paix du 30 octobre 1864.

nons, telle est la tâche principale de sociétés constituées pour la paix, mais dominées par le courant qui les entraîne, au point de tenter à peine un effort pour lui résister.

Aucun esprit libre ne peut méconnaître que la guerre d'Italie n'a pas résolu un seul des problèmes qu'elle a posés. Il est manifeste qu'en paralysant dans la Péninsule l'action de la France par la victoire d'une idée contraire à la sienne, l'expédition de 1859 a constitué une déviation des plus graves au système général de sa politique naturelle. Cette campagne, si longtemps méditée et si brusquement finie, a laissé chacun à mi-chemin de ses espérances comme de ses craintes. Au lieu de pacifier l'Europe en calmant l'agitation de la Péninsule, ainsi qu'on l'annonçait, elle a mis le repos du monde à la merci des passions et des habiletés italiennes.

Le propre des situations fausses, c'est de compliquer les difficultés jusqu'au point de les rendre insolubles, tant qu'une réaction, analogue à l'action d'un rabouteur sur un membre démis, n'a pas replacé chacun dans ses conditions naturelles. Ceci arrivera tôt ou tard pour l'Italie, car la gravité des conséquences où nous entraîne une condescendance jusqu'ici sans limites finira par remettre vis-à-vis l'une de l'autre la puissance protectrice et la puissance protégée dans une situation plus normale et moins choquante. Tous les doubles sens qui ont constitué, depuis Villafranca et Zurich, ce triste *imbroglio* diplomatique, sont venus se résumer dans l'œuvre récente à laquelle les hautes parties contractantes, sans nul étonnement et sans nulle colère, ont vu appliquer par leurs agents deux interprétations inconciliables.

L'équivoque est la pire des ressources en politique ; elle accumule les difficultés en dispensant de les résoudre. Les gouvernements qui en usent s'exposent à se trouver, lors d'une échéance fatale, dans la position d'un débiteur écrasé sous les intérêts composés de sa dette.

Ce lieu commun de morale n'a jamais été plus de mise qu'après la signature de la convention du 15 septembre 1864. A quel esprit sagace faudrait-il apprendre que cet acte a été déterminé par des motifs étrangers aux raisons patentes données pour l'expliquer au public ?

Contrarié par un rapprochement fort naturel depuis l'insurrection polonaise, entre les trois grandes cours continentales, le gouvernement français a brusquement conclu la convention du 15 septembre, afin de montrer qu'il pourrait au besoin opposer au fantôme de la sainte alliance une vérité plus redoutable, celle d'une alliance offensive et défensive avec la révolution cosmopolite, cette sixième grande puissance dont la capitale se nomme aujourd'hui Turin, et s'appellera demain Florence. Se croyant assez fort pour transformer le principal en accessoire, et s'étant ménagé d'ailleurs un délai de deux années, on a promis Rome lorsqu'il s'agissait au fond de faire espérer Venise. Ainsi la concession que les catholiques ont envisagée comme une menace pour leur conscience, était surtout, dans la pensée qui paraissait prévaloir alors, une menace à la paix du monde. Mais les intérêts portent conseil comme la nuit, et l'approche de la saison politique rassérène les esprits comme les premières lueurs du matin. Un moment enivrée de l'espérance d'une guerre prochaine faite à nos dépens et à son profit, l'Italie se résigne à désarmer sous l'imminence de la banqueroute, et par les conseils impérieux du gouvernement français revenu, en présence des nécessités qui le pressent, à la saine appréciation des vœux et des besoins du pays.

A ce vice inhérent au traité de Turin est venu s'en joindre un autre. Cet accord, en effet, a été conclu avec un gouvernement auquel ses déclarations et ses actes antérieurs ne laissaient pas même la liberté de le prendre au sérieux, et qui n'y pouvait voir qu'une nouvelle convention de Villafranca à déchirer impunément : ni les dépêches des plénipotentiaires de l'Italie, ni les débats de son parlement, n'étaient nécessaires pour édifier l'Europe sur ce point-là. Qui peut ignorer d'ailleurs que, depuis l'entrevue de Plombières, en 1858, entrevue dont le souvenir a été rappelé par un ministre italien avec une confiance si naturelle [1], il existe pour la France au delà des Alpes une doctrine diplomatique patente et une doctrine ésotérique ! La convention qui a réglé les conditions de l'évacuation de Rome avec un gouvernement sans qualité pour en connaître, a un endroit et un revers, comme toutes celles qui l'ont précédée. Le même ministre italien a révélé à l'Europe comment a commencé, au lendemain de la convention de Villafranca, cette action en partie double, l'un des plus tristes spectacles de notre temps.

Pour la France, la convention de Turin constitue un engagement perpétuel de la part de l'Italie de respecter en tout état de cause les possessions actuelles du Saint-Père ; pour l'Italie, elle maintient et confirme toutes les aspira-

[1] Discours de M. le général de La Marmora, président du Conseil, au parlement italien, séance du 12 novembre 1864.

tions nationales, avec cette variante qu'on devra substituer au fait d'une invasion celui d'une *acclamation civilisatrice*. On veut à Paris que le Pape ait une armée afin de pouvoir se défendre, et de ne plus rappeler au Vatican le souvenir de la papauté d'Avignon ; on croit à Turin, ou que l'armée pontificale ne s'organisera pas, ou que, si elle s'organise, il sera loisible, à l'heure favorable, de la déclarer *menaçante pour l'Italie*, en rentrant à la fois et dans les termes sacramentels de la convention du 15 septembre et dans ceux de la dépêche qui précéda l'immolation de Castelfidardo [1]. Pour la France, la translation de la capitale à Florence implique une renonciation définitive à Rome. Pour l'Italie, le décret du 24 mars 1861 reste en pleine vigueur, car ce changement n'est déterminé que par des considérations toutes stratégiques impliquant par leur nature même un caractère provisoire. Dans le système des plénipotentiaires du roi Victor-Em-

[1] « Le gouvernement de S. M. le roi de Sardaigne n'a pu voir sans un profond regret la formation et l'existence de troupes mercenaires étrangères au service du gouvernement pontifical. La présence de ces corps étrangers outrage le sentiment national et empêche la manifestation des vœux de la population..... J'ai l'honneur d'inviter Votre Éminence à donner l'ordre immédiat de désarmer ces corps, dont l'existence est une *menace pour l'Italie*. » (Ultimatum du comte de Cavour au cardinal Antonnelli, 7 septembre 1860.)

manuel, le choix d'une autre capitale est une menace à l'Autriche et point une concession à la France, puisqu'il était résolu avant la signature de la convention. Il reste donc entendu à Turin que l'Italie n'a à peu près rien promis en suspendant sa marche vers Rome, et que la France a souscrit une lettre de change par laquelle elle s'engage à gagner au profit de l'Italie, le jour où il conviendrait à celle-ci de recommencer la lutte, une seconde bataille de Solférino. Il appartient à l'opinion publique, qu'une conspiration de journalistes n'a pu parvenir à fausser, de se prononcer à son tour. Il appartient au Sénat, où l'unité péninsulaire n'a rencontré qu'un seul défenseur ; il appartient au Corps-Législatif, où la proposition d'évacuer Rome réunissait naguère cinq suffrages, de dire, tardivement sans doute, mais très-utilement encore, en présence de ces exigences insolentes, ce que réclament les intérêts, l'honneur et la conscience outragée du pays.

Je m'arrête, n'ayant pas à rechercher ici dans la situation des grandes cours continentales les causes de cette alliance léonine dans laquelle l'Italie ne semble pas même étonnée d'avoir le rôle du lion, tant il lui paraît déjà naturel de l'emporter sur la France ! Je n'ai pas davantage à constater les conséquences de la guerre de 1859 sur l'état général du monde. De cette guerre sont sortis tous les événements qui ont bouleversé l'Europe, depuis l'insurrection de la Pologne, provoquée par de fallacieuses espérances, jusqu'aux violences subies par le Danemarck, violences que le coup porté au delà des Alpes au droit public de l'Europe a seul rendues possibles. M. de Cavour a suscité M. de Bismark, avec cette différence que l'élève fait par peur de la révolution ce que le maître entreprenait au moins par sympathie pour elle. D'ailleurs, il y a deux Piémonts rivaux au delà du Rhin; il y a, en outre, des gouvernements secondaires d'autant plus résolus à combattre l'unité allemande qu'ils en parlent davantage. Si donc M. de Cavour est remplacé, le rôle de Victor-Emmanuel restera vacant; aussi le grand œuvre de l'hégémonie prussienne n'est-il guère plus avancé qu'au temps où ses fondateurs en exposaient les arcanes dans la brumeuse atmosphère des universités et des tabagies.

Le Danemarck, qui a été l'un des premiers gouvernements à reconnaître les changements opérés en Italie, n'a pas tardé à voir appliquer à ses duchés de l'Elbe le droit public qui avait prévalu pour la Toscane, les Deux-Siciles et les

États pontificaux. Le traité de 1852 est allé rejoindre les traités de 1815 ; le sort de François II a fixé celui de Christian IX, avec cette différence que Garibaldi a rempli glorieusement sa tâche d'aventurier, tandis que les princes allemands ont fait honteusement leur métier de roi. La guerre d'Italie a légitimé tout ce que nous voyons et préparé tout ce que nous verrons bientôt. De l'unité italienne sortait aussi rigoureusement qu'un corollaire d'un théorème la chute du pouvoir temporel et la question de Venise, la plus redoutable qui soit en Europe, après celle de la Pologne. La convention de Turin a placé cette question au premier plan, et la paix du monde est dans la main d'un gouvernement qui a contracté la douce habitude de voir nos soldats faire la guerre pour son compte et nos petits capitalistes jeter leurs économies dans le gouffre toujours béant de ses finances. Rome et Venise, tels sont les deux problèmes dont la France a gratuitement accepté la solution : alternative formidable, si d'autres événements ne venaient bientôt la détourner.

CHAPITRE IV

LES ÉCOLES POLITIQUES EN FRANCE

La conséquence la plus heureuse, quoique la moins prévue, de la guerre d'Italie, fut un réveil très-sensible de l'esprit public. On n'agite pas impunément les questions les plus élevées de l'ordre religieux et politique au milieu des peuples, lors même qu'ils voudraient continuer à dormir. En présence des périls qui menaçaient la souveraineté pontificale, les consciences se troublèrent et ne tardèrent pas à dépasser par l'excès de leurs inquiétudes l'excès de la confiance dans laquelle elles s'étaient obstinément reposées. D'un autre côté, l'industrie nationale stimulée par une révolution économique émanée, comme la guerre de 1859, d'une seule volonté, se demanda s'il ne fallait pas redouter les résolutions précipitées de l'omnipotence autant et plus que les verbeuses hésitations des pouvoirs partagés. Un double courant poussa donc le pays, à partir de 1860, à discuter des actes qu'il avait vus se succéder jusqu'alors avec l'indifférence résignée des populations musulmanes.

Faut-il s'étonner si les hommes demeurés étrangers à l'établissement de l'Empire applaudirent à cette disposition nouvelle? Rien n'était assurément plus naturel. On ne s'explique pas que le gouvernement en pût être surpris; on s'explique encore moins qu'il se soit abusé sur le caractère d'un mouvement issu de questions soulevées par lui-même, et qui, n'émanant pas de l'initiative des anciens partis, ne pouvait en rien leur profiter. Quelles chances favorables auraient préparées, pour les royales victimes de la révolution du 24 février, les développements donnés aux institutions de 1852 dans un sens de liberté? Une politique libérale, suivie par le pouvoir impérial, n'aurait-elle pas eu pour conséquence immédiate de les dépouiller de la force morale que conservent dans l'exil, et jusque dans les fers, les représentants d'une idée puissante tant qu'on leur en laisse le monopole? L'adoption d'un tel programme aurait été certainement le plus rude coup qui pût alors leur être porté.

Une observation superficielle suffisait d'ailleurs pour révéler le caractère très-désintéressé du réveil qui commençait, et dont nous pouvons suivre aujourd'hui les développements progressifs. Ce qui fait la moralité et la puissance de ce mouvement-là, c'est qu'il est fort indépendant des personnes et ne s'incarne dans aucun nom propre. Le libéralisme nouveau, aussi étranger à l'ambition qu'à la haine, fait assez bon marché de la forme des gouvernements, pourvu que leur esprit soit conforme au sien : l'Empire lui va comme la monarchie ; il s'arrangerait de la république, s'il la croyait capable de servir les intérêts de l'ordre et ceux de la liberté. Il n'est donc stimulé par aucune arrière-pensée, et ceux qui lui en prêtent sont incapables de le comprendre et plus incapables encore d'en triompher. La vérité, c'est que les hommes ont abdiqué devant les idées, et que, pour la première fois, la France est divisée en écoles plutôt qu'en partis.

Au milieu des ruines qui nous entourent et dans le désaccord général des croyances et des pensées, conséquence fatale de si longues perturbations, la liberté politique est la seule force capable de rapprocher honnêtement les hommes, parce qu'elle est nécessaire à la vie morale de tous. Je voudrais étudier les intérêts divers coalisés contre elle, et les chances qui lui sont ménagées pour triompher de cette coalition formidable. Cette étude me permettra de ramener à leur principe constitutif les deux grandes écoles qui se disputent l'avenir de la France.

A ne tenir compte que du nombre et de la puissance, il y aurait fort à trembler pour la liberté. Une secte puissante dans l'administration, et qui fonde pour notre jeunesse des chaires d'histoire contemporaine, a découvert que le dernier mot de la démocratie moderne est un pouvoir unique et concentré ; que le seul but légitime de la révolution française était le nivellement social, et que l'œuvre de cette révolution fut terminée dans la nuit du 4 août. Si ce jour avait été suivi d'un 18 brumaire, et si l'on ne s'était point égaré à la recherche de vaines garanties, le troupeau national, conduit par un berger de son choix dans de gras pâturages, en attendant le moment de marcher en bataillons vers l'abattoir, se serait assuré toutes les jouissances de l'égalité dans le bien-être, sans poursuivre la chimère d'une participation aux affaires publiques, laquelle apporte toujours plus de trouble que de profit. Gouverner, c'est une charge : dès lors, pourquoi les peuples mis hors de page, et dont la souveraineté est authentiquement reconnue par leur propre gouvernement, ne se débarrasseraient-ils pas d'un pareil souci ? Pourquoi trouver mauvais qu'ils le délèguent à leur mandataire, comme ces grands seigneurs qui confient la gestion de leur fortune à un intendant, en se réservant au besoin le droit de le chasser? Les nations auraient grand tort d'aliéner leur liberté, mais elles font bien et très-bien de *la prêter*, selon le mot qui brille comme un diamant dans l'écrin démocratique de l'auteur du *Progrès* [1].

Parvenue à ces hauteurs, l'école césarienne se bifurque : une partie veut établir dans un palais le représentant héréditaire de la démocratie française, et continuer, en les dépassant, toutes les splendeurs des vieilles royautés; une autre, d'un dévouement moins affiché, mais aussi sûr, cache son costume de cour sous un manteau couleur de muraille. Elle a le parler rude autant que l'humeur facile; elle professe le dédain de toutes les grandeurs et ne s'incline jamais que devant la borne à laquelle elle adresse, avec des saluts à la Dangeau, des harangues à la Péthion. Abaisser le niveau des intelligences en atteignant les âmes aux sources mêmes de leur vie, proclamer la révolution européenne en permanence, parce que, d'après la loi du progrès, le lende-

[1] *La Prusse en* 1860, par Ed. About, p. 20.

main est nécessairement supérieur à la veille : voilà toute la doctrine de ces patriotes émérites, fort connus du pouvoir, qui ne les juge ni sur leur mine refrognée ni sur leur phraséologie de convention. Que le gouvernement leur donne la guerre au dehors, ils lui donneront le silence au dedans ; qu'il leur permette de courir sus aux prêtres, ils laisseront très-volontiers le champ libre à ses gendarmes ; qu'il leur livre un jour avec le Pape la conscience du genre humain, et l'on ne trouvera la limite ni de leur joie ni de leur bassesse.

Ces Brutus assouplis, utiles compères, mais dangereux alliés, rencontrent devant eux des hommes d'un dévouement plus éprouvé. Quoique leur honorable chef soit tombé sous le verdict électoral de 1863, sa pensée conserve dans les affaires qu'il a maniées longtemps l'autorité justement acquise à sa fidélité comme à sa droiture. Il y a dans l'homme principal de cette école deux personnages entre lesquels le désaccord est sensible au point d'en devenir piquant, l'ancien commensal d'Arenenberg et l'ancien ambassadeur à Londres. Le premier croit au droit de la dynastie impériale comme une émigré de Coblentz croyait à celui de la maison de Bourbon. Il a été le précurseur de l'idée napoléonienne ; il en est aujourd'hui l'évangéliste ; il en serait au besoin le martyr. A ses yeux, la démocratie française n'a qu'une forme d'existence possible, et le bras d'un Napoléon n'est pas moins nécessaire à sa faiblesse que le tronc du chêne ne l'est au lierre qu'il supporte. Sorti de la légende comme une divinité des nuages, l'Empire doit marcher, dans la guerre comme dans la paix, de merveille en merveille. Pour M. de Persigny, l'imagination n'est pas la folle du logis, c'est le ressort principal des gouvernements chez les nations démocratiques. Dans ce système, les fonctions d'un souverain ont quelque chose de celles d'un *impressario* chargé de stimuler chaque jour la curiosité publique ; et la liberté y remplace la muscade escamotée aux applaudissements d'une assistance ébahie. Personne n'ignore en effet que l'ancien ministre de l'intérieur remet l'avénement de celle-ci au jour où tout le monde sera de son avis.

L'admirateur et l'hôte aimé de l'Angleterre aristocratique est obligé de voir les choses autrement. Lorsqu'on a vécu à Londres de cette *high life* moins élégante encore que politique, il y a des précautions de bon goût à prendre avec la liberté. Il suffit d'ailleurs d'avoir respiré l'air d'un pays régi par un gouvernement parlementaire pour reconnaître l'impossibilité de laisser longtemps une grande nation étrangère à l'étude de ses propres intérêts. Or, toute concession sur ce point-là conduit à la liberté de la tribune, à celle de la presse et surtout à la sincérité des élections, choses qui ne répugnent aucunement à M. le duc de Persigny lorsqu'il revient d'Angleterre. Mais voici la difficulté : comme les classes plus particulièrement préparées chez nous à la vie publique par leur indépendance et par leurs lumières n'abondent pas précisément en disciples de son école, et comme elles entendent maintenir dans les affaires le pas à la prose sur la poésie, l'idéal de cet homme d'État s'en trouve violemment renversé. La foi est une chose si précieuse pour ceux qui la possèdent, qu'on est donc conduit à traiter en ennemi de l'Empire quiconque prétend troubler par une parole discordante la sérénité silencieuse où vit la nation sous un sceptre populaire.

De cette double disposition naît le désir de se mettre d'accord avec soi-même au moyen d'une théorie historique qui ne fait jamais défaut à un homme d'esprit. A ceux qui opposent au régime des bulletins électoraux distribués par les maires et des avertissements aux journaux donnés par les préfets, la liberté de la presse et des élections telle qu'elle existe au delà de la Manche, on répond que les choses ne se passaient point ainsi du temps des premiers rois hanovriens, parce qu'alors la dynastie était encore en question. A cette époque, en effet, bon nombre d'écrivains furent envoyés à la Tour; plusieurs furent pendus, quelquefois même coupés en quatre morceaux. Mais avant de triompher de ces barbaries et de leur opposer les douceurs d'une législation qui suspend les journaux sans pendre les journalistes, il ne faudrait pas oublier que, depuis la révolution de 1688 jusqu'au milieu du siècle suivant, le royaume uni fut fréquemment troublé par des guerres civiles presque toujours compliquées de guerres étrangères. Guillaume III avait dû conquérir l'Irlande pied à pied, et cinquante ans plus tard un prétendant entrait dans la capitale de l'Écosse à la tête d'une armée. Notre pauvre presse opposante n'aspire ni à la victoire de Preston-Pans, ni même à la glorieuse défaite de Culloden; sa seule ambition est de vivre, et son plus grand acte de félonie c'est de recommander de loin en loin aux électeurs quelques candidats préalablement assermentés au gouvernement impérial.

Il faut avoir le courage de son opinion et de sa foi. Ce n'est pas afin de protéger l'Empire contre des machinations secrètes que le pouvoir se réserve la faculté d'empêcher les journaux de naître, et celle, plus formidable encore, de les tuer ; ce n'est pas pour garantir la dynastie qu'on l'a vu refuser des organes aux idées les moins subversives, quelquefois même aux hommes le plus loyalement engagés avec elle. Ce qu'on poursuit en maintenant ce décret du 17 février 1852, aussi peu compatible avec les droits de la propriété qu'avec ceux de l'intelligence, c'est la consécration d'une doctrine qui vient se résumer dans le déni de toute influence à quiconque aspire à exister par soi-même, en portant dans la vie publique l'usage viril de sa propre responsabilité. Pour les hommes de la démocratie autoritaire (il faut bien que j'emploie ce mot aussi barbare que l'idée elle-même), vouloir se passer du gouvernement est presque un aussi grand crime que vouloir le renverser. A leurs yeux, quiconque reste étranger doit être tenu pour ennemi (*hostis*), comme sous le droit antique ; et plus un personnage est revêtu d'autorité personnelle dans le pays, plus il est coupable s'il ne la fait remonter vers le pouvoir comme vers sa seule source légitime.

Lorsqu'après avoir respiré quelques mois à Paris un air politique fort différent de celui de

Londres, M. de Persigny déchirait en 1863 ses premières circulaires; quand le ministre qui avait convié lui-même à rentrer dans les affaires toutes les notabilités des régimes déchus, se préparait à courir sus à quiconque exprimait une dissidence, ou dont le dévouement était arrêté par un scrupule, il n'avait probablement rien découvert qu'il ne sût fort bien la veille. Lorsqu'il frappait la société de Saint-Vincent-de-Paul, il était trop bien renseigné pour y voir une association de conspirateurs; il y a tout lieu de croire que la sûreté de l'Empereur était plus compromise à ses yeux par les bombes Orsini que par quelques boules d'opposition déposées au scrutin sur la question romaine. Mais ce qu'il poursuivait dans la grande œuvre de la charité laïque, c'était l'initiative privée soulageant la misère à l'aide de bons non revêtus de l'estampille administrative; ce qu'il voulut punir dans un vote émis par quelques serviteurs d'un zèle pourtant bien connu, ce fut un premier exemple d'indépendance incompatible avec la théorie gouvernementale dont il rêvait l'application.

L'omnipotence de l'État ne rencontrait guère moins de faveur dans la presse révolutionnaire que dans une partie de la presse semi-officielle. Il faut bien le reconnaître d'ailleurs, cette doctrine heurtait moins en France le cours général des habitudes que celui des idées, et celles-ci s'étaient trouvées paralysées depuis 1851 par l'inquiétude universelle. D'un autre côté, les amis de la liberté constitutionnelle, affaiblis par leurs divisions, ne savaient pas encore subordonner les formes au fond; et, tout dépaysés par le mécanisme des institutions nouvelles, ils hésitaient à profiter de garanties qui ne correspondaient point à leurs habitudes, parce qu'ils n'avaient pas pénétré l'excellence de cette maxime, que « toute constitution est bonne à condition qu'on s'en serve. »

De plus, une défection inattendue avait rompu le faisceau des forces morales que l'omnipotence gouvernementale aurait rencontrées en face d'elle quelques années auparavant. Une partie de la presse religieuse s'était prise à professer, à la grande joie des incrédules, l'incompatibilité du gouvernement représentatif avec la foi catholique; elle avait donc apporté au pouvoir absolu un appui dont celui-ci retira plus de profit qu'il n'en témoigna de reconnaissance.

Quelque regret que j'éprouve à rappeler ces dissidences, je manquerais au premier de mes devoirs, si je n'appréciais ici les idées au nom desquelles elles se sont produites parmi nous.

non dans la sphère de la théologie, mais dans celle de la politique.

Le clergé avait pris, sous la monarchie de 1830, en acceptant loyalement le bénéfice des garanties constitutionnelles, sans lier d'ailleurs son sort à aucun mode particulier de gouvernement, une situation conforme aux besoins de la société, dont il ne se constituait pas plus l'admirateur enthousiaste que le détracteur furibond. Cette attitude lui avait fait traverser presqu'en triomphe la crise de 1848, et le régime qui suivit sembla n'avoir profité qu'à lui seul. Il avait conquis en quelques mois, sous la république, l'usage des droits que lui avait toujours refusés la monarchie, lors même qu'elle se nommait très-chrétienne.

Mais de ce que l'Église s'était trouvée tout à coup forte et puissante dans la dissolution générale de tous les pouvoirs publics, quelques esprits, plus accoutumés à feuilleter de gros livres qu'à manier les affaires humaines, en inférèrent que rien ne serait plus facile pour un pouvoir alors sans limites, que de reconstituer l'ordre social sur la base des vérités dogmatiques. Ils entrevirent dans les auteurs du 2 décembre les précurseurs bénis d'une restauration catholique. En échange d'un dévouement aussi profond que l'était leur haine pour les institutions disparues, ils demandèrent à Napoléon III de reprendre en sous-œuvre le rôle de saint Louis, et de substituer au droit moderne celui du treizième siècle. A ces ouvertures, l'Empereur répondit par la guerre d'Italie, et l'accord s'en trouva notablement dérangé. La position devint alors critique, car on s'était trop compromis pour reculer. Le siége d'ailleurs était fait et l'on avait rendu ses armes.

Durant la période précédente, les organes du parti catholique dans les Chambres, uniquement préoccupés de faire profiter les intérêts religieux des droits garantis à tous par les institutions, s'étaient maintenus dans la sphère des faits purement sociaux et des réalités pratiques, n'entendant aucunement donner celles-ci pour l'expression de vérités mathématiques et absolues. Afin de combattre avec quelque chance de succès ceux dont on voulait se séparer par un abîme, on dut donc sortir de la région contingente, pour opposer des théories générales aux intérêts de la société contemporaine, sous le poids desquels on demeura comme écrasé. On fut bientôt conduit à insulter chaque matin cette société rebelle jusque dans les manifestations les plus indifférentes de son activité.

On donna l'assaut à ses mœurs comme à ses lois ; on foula aux pieds les renommées dont elle s'honore et les institutions dont on avait soi-même tant profité, et plus on s'isola de son temps, plus on crut servir la vérité. Enfin, par une conséquence de la même situation, on se trouva conduit à prêter à ses adversaires des opinions révoltantes, telles par exemple que celle de mettre le bien et le mal, l'erreur et la vérité sur le même pied devant Dieu et devant les hommes.

Ainsi s'est accompli ce phénomène, plus étrange dans l'histoire de l'Église catholique que dans aucune autre. C'est, en effet, l'honneur de cette Église qui traverse les siècles sans en dépendre, de se prêter avec un empressement égal aux formes sociales les plus diverses, en ne s'en inquiétant pour ainsi dire jamais, dans sa marche vers l'éternité. Elle accomplit son œuvre en pleine barbarie comme en pleine civilisation, et ne fait pas plus acception des temps que des personnes. A peine est-elle sortie des catacombes, que les fléaux de Dieu s'arrêtent devant la majesté de ses pontifes ; elle lutte énergiquement, dans toute l'Europe, contre l'oppression féodale, en respectant toutefois la féodalité dans son organisation politique, malgré des périls plus redoutables certainement que ceux auxquels l'expose l'organisation de la société actuelle. Lorsque, au seizième siècle, l'autorité monarchique l'emporte, et que l'unité morale est brisée avec l'unité religieuse, la politique pontificale suit le cours des événements sans entreprendre de leur résister, et autorise en fait ce qu'elle condamne en théorie. Les papes substituent l'habileté à la force, le prestige des vertus à l'éclat de la puissance, et le trône des Grégoire et des Innocent, sans rien perdre de sa majesté, devient le Calvaire où Pie VII porte, à l'exemple de son divin Maître, sa croix victorieuse.

Les ministres de la religion ne sont pas moins à l'aise sous le sayon du barbare que sous la cotte de maille du haut baron; ils portent à Versailles l'habit de cour du gentilhomme comme en Chine la robe du mandarin. C'est en présence de cette miraculeuse ubiquité, c'est devant la longanimité dont ne parvinrent à triompher ni les violences de la tyrannie, ni les scandales de la corruption, qu'on refuserait à la société du dix-neuvième siècle le concours qui n'a manqué ni aux hordes d'Attila, ni aux compagnons de Frédéric Barberousse, ni aux contemporains de Louis XV! Les sauvages de l'Orénoque pourront rester chrétiens dans leurs wigwams en conservant leur tomahawk; les lettrés du fleuve Jaune en s'inclinant dans leurs pagodes devant l'image du fils du Ciel; on n'interdira point aux Russes de se courber sous le sceptre de l'autocratie, ni même aux compatriotes de Washington de conserver leurs institutions républicaines. Mais une seule alternative resterait imposée à la France contemporaine; pour elle ni justice, ni charité, ni merci : il faudrait ou qu'elle abjurât la foi de ses pères, ou qu'elle brûlât son code politique et son code civil!

Telles sont les puérilités dangereuses à l'aide desquelles on a détourné trop longtemps une partie du monde religieux de venir prendre la part qui lui revient dans la lutte engagée par toutes les forces indépendantes contre le despotisme des maximes et l'immoralité des exemples. Dans ces matières, qui ne touchent ni aux dogmes, ni aux vérités d'un ordre permanent, l'esprit chercherait en vain à séparer les idées du milieu social au sein duquel elles se produisent. Le bon sens suffit donc pour faire comprendre que vouloir appliquer une législation orthodoxe fort naturelle, à une certaine époque, à des populations aussi divisées par les croyances que par les intérêts, serait une tentative plus périlleuse encore que stérile, et dont la pensée ne saurait être imputée sérieusement à l'Église, puisque ses rapports avec les gouvernements contemporains sont fondés sur une pratique toute contraire. Aux écrivains qui ont tenu en France contre leur temps cette triste gageure, il ne restera un jour que le regret d'avoir dépensé des forces précieuses dans une polémique qui a été la plus grande joie et qui reste aujourd'hui la plus grande force de nos ennemis. En demeurant fidèles à des maximes qui engagent notre honneur, sans avoir jamais inquiété notre foi, nous n'aurons plus alors la douleur de défendre, sans le clergé, une cause au triomphe de laquelle la Providence semble avoir associé partout le triomphe même de l'Église. Depuis la France, en effet, jusqu'à l'Irlande; depuis la Pologne jusqu'à l'Italie, le premier péril du catholicisme, c'est l'asservissement; son premier besoin, c'est la liberté.

Contre les dangers dont la coalition de tant d'intérêts, de tant de haines et de tant de sophismes semble menacer celle-ci, que lui reste-t-il donc? Elle pourrait répondre : *Moi*. Le jour où les doctrines de l'école autoritaire triompheraient en France, l'anarchie serait à la veille de la victoire la plus éclatante qu'elle ait jamais remportée parmi les hommes. Si la démocratie concentrait jamais ses forces dans une dictature permanente, cette dictature n'aurait que deux modes d'existence possibles, la forme militaire ou la forme administrative. En admettant que la première pût prévaloir contre les innombrables intérêts qui la repoussent aujourd'hui, la France cesserait d'être une nation pour devenir une armée, et pour recommencer un passé contre lequel le génie des temps nouveaux semble protéger à jamais le monde. Si une dictature s'imposait, au contraire, la charge d'organiser pacifiquement la démocratie, elle aurait à pourvoir, avec munificence, à ses besoins comme à ses plaisirs, et devrait enlacer le pays dans un réseau de prescriptions réglementaires, combinées pour enlever à toutes les intelligences leur énergie, à toutes les âmes leur ressort, à toutes les physionomies leur originalité.

Alors une tyrannie régulière et presque douce énerverait sans torturer, et prendrait aux hommes leur volonté en grossissant leur bourse. En ces limbes politiques où la pensée expirerait comme la voix dans le vide, le pouvoir serait un géant et les citoyens des pygmées; il construirait des villes de marbre et pétrirait des âmes de boue. Dans cette société où le char de l'État roulerait sans obstacle sur une surface monotone comme un traîneau sur les neiges de la Sibérie, un mécanisme administratif perfectionné rem placerait la vie absente ; les pensées s'y pétrifie raient avec les habitudes, et la France devien drait la Chine, si une pareille honte pouvait êtr réservée au premier des peuples chrétiens. Mai cette honte-là n'aurait pas même les tristes com pensations qu'on en espère. Samson retrouve rait sa force pour briser des liens indignes d lui, et quelque soubresaut inattendu ne tarde rait pas à rejeter le grande nation dans le hasards des révolutions et le mirage des utopies

C'est à la liberté plus qu'à l'autorité qu'a ét remis le soin d'organiser les sociétés démocra tiques, telles qu'elles ont été façonnées dans l monde moderne par le génie du christianisme La raison en est simple : la démocratie con temporaine, qu'on l'étudie soit en Amérique soit en Europe, manque de deux éléments essen tiels à tout ordre social régulier, le goût de choses élevées qu'une forte culture intellectuell n'y surexcite pas, et le respect du droit d'autru constamment menacé par la brutalité des ins tincts populaires. Et, connaît-on un autre moye pour agrandir l'horizon de la pensée publique et pour la relever de l'égoïste préoccupation de intérêts privés, que ces nobles leçons politique données au pays par ses intelligences d'élite enseignement moralisateur qu'il appartient à la tribune de dispenser, à la presse de refléter jusque dans les couches les plus modestes ? Est-il une autre école que celle d'un gouvernement auquel le pays tout entier participe, et dont la base est le principe de la responsabilité, pour enseigner à chacun que son propre droit ne trouve sa valeur que dans la mesure où vaut le droit d'autrui ? Comment éveiller, si ce n'est par l'action d'une surveillance utile, même lorsqu'elle est injuste, le sentiment moral de la solidarité, sans lequel il n'y a pas plus d'honneur pour les citoyens que de vie publique pour les nations?

Voilà le programme tout pratique que l'école libérale oppose à celui des césariens, avec la conviction calme que donnent la certitude du succès et la résolution de l'attendre. Le parti qui se forme sous cette bannière n'a plus ni la faveur du pouvoir, ni le prestige de la popularité ; il ne saurait promettre à personne, ni l'éclat des grands spectacles, ni la satisfaction des ambitions hâtives. C'est à une œuvre plus austère qu'il convie ses disciples venus de tous les points de l'horizon : il leur demande de veiller pour les autres comme pour eux-mêmes, et de s'inquiéter toujours du droit sans s'enquérir jamais de ceux auxquels le droit peut profiter. Parti d'alluvion, il gagne à tous les événements et bénéficie de toutes les fautes sans jamais les souhaiter. Ses espérances ne menacent personne, car l'extension de la liberté le préoccupe plus que la conquête du pouvoir, puisqu'il attend de l'une cette diffusion de la vie sociale qu'il ne saurait demander à l'autre. Ce parti s'organise à mesure que les anciens se dissolvent ; il ne souhaite que ce qu'il demande, né conspirant pas plus par ses actes que par ses pensées, et s'il est un fait certain, c'est que le second Empire est, de tous les gouvernements qui ont régi le pays depuis 1789, celui avec lequel l'opposition est aujourd'hui de meilleure foi.

CHAPITRE V

LES INSTITUTIONS CONSTITUTIONNELLES DE L'EMPIRE AVANT ET DEPUIS LE DÉCRET DU 24 NOVEMBRE 1860

Je viens de jeter un coup d'œil sur les écoles qui tendent à remplacer en France les partis politiques affaiblis ou disparus. Je vais mettre en regard de ce tableau celui des institutions constitutionnelles promulguées par le second Empire, en faisant ressortir les modifications successives qu'elles ont subies soit dans leur texte, soit dans leur esprit. On pourra voir la pensée du pays prévaloir graduellement sur la pensée du législateur, au point d'amener celui-ci à une transaction que sa prudence tient pour utile avant même que le sentiment public la lui impose comme nécessaire. Quel était l'esprit de la constitution du 14 janvier 1852, décrétée par la dictature, en vertu du droit que lui avait attribué la volonté nationale ? qu'est aujourd'hui cette constitution sous l'empire du décret du 24 novembre 1860? enfin quelles conséquences les faits accomplis et le mouvement de plus en plus prononcé de l'opinion autorisent-ils à pressentir pour l'avenir?

Sans médire de la constitution de 1852, l'on peut penser que, si elle n'a rencontré devant elle aucune sorte de résistance, cette heureuse fortune résulte moins de ses propres mérites que de la disposition générale de l'esprit public au lendemain du 2 décembre. Si, du milieu des terreurs universelles qu'avaient provoquées le rendez-vous à jour fixe pris par de sauvages passions, terreurs qui avaient assuré d'avance le succès d'un coup d'État plus périlleux à préparer que difficile à accomplir, le prince président de la République avait proclamé une tout autre constitution, je suis porté à croire que cette loi fondamentale aurait rencontré les mêmes facilités pour s'établir.

Il en a été à peu près de notre constitution comme de celle de l'an VIII, qui lui a servi de modèle, et qui ne fut pour rien dans les œuvres accomplies pendant les quinze années de sa durée nominale. Ayant en 1799 la lassitude de l'anarchie comme elle en avait l'effroi en

1852, la France remit alors aux mains d'un grand homme le fardeau de ses destinées, sous lequel elle fléchissait. Si le premier consul accomplit une série de miracles dans la guerre et dans la paix, ce fut sans rien emprunter ni pour sa gloire ni pour sa puissance à la creuse métaphysique de son collègue Sieyès, dont il accepta l'obscure conception avec la fière indifférence d'un demi-dieu assuré de faire toujours parler à son gré l'oracle.

C'est, en effet, calomnier l'esprit excessif mais droit de Napoléon, que de présenter comme son œuvre personnelle ce dédale d'institutions incohérentes pour lesquelles on est venu réclamer une admiration posthume. Jamais ce grand esprit n'aurait conçu la pensée d'un Sénat que la nature même de ses attributions rendait forcément dans l'avenir ou factieux ou servile; jamais il n'aurait imaginé un Tribunat bavard, discourant sans aucun pouvoir politique effectif en face d'un Corps législatif muet. Si Napoléon ne fit porter les traits de sa verve pittoresque que sur le grand électeur, installé d'abord par Sieyès au sommet de sa pyramide, c'est qu'à vrai dire il ne prenait dans tout cela rien au sérieux que lui-même. Le mécanisme politique de l'an VIII, sorti du cerveau d'un métaphysicien, eut si peu le caractère d'une constitution nationale, comme on voudrait le laisser croire, que le pays le vit disparaître pièce à pièce durant le premier Empire avec une parfaite indifférence. Le seul de ces corps étiolés qui vécut jusqu'à la catastrophe pour élever sa honte plus haut encore que nos malheurs, revêtit aux yeux de la France le caractère d'une machine à haute pression chargée d'exprimer les forces vives de la nation pour les mettre au service de gigantesques folies. Napoléon envisagea l'œuvre de son collègue du même œil que le pays, prenant comme un instrument de domination ce qu'il convenait à la France d'accepter comme un moyen de repos.

Lorsque la nation, lasse d'un régime qui n'avait su ni la protéger contre les derniers excès du despotisme militaire, ni défendre le pouvoir lui-même contre le péril de ses propres entraînements, reprit le cours interrompu des aspirations de 1789, il est donc fort naturel qu'elle ait rejeté dans un oubli profond et les lois de l'an VIII, qui n'avaient pu la défendre contre le pouvoir absolu, et celles de 1791, qui l'avaient encore moins défendue contre l'anarchie. L'on comprend également que, n'ayant à faire aucun emprunt à l'ancien régime, amas confus de précédents contradictoires, la charte de 1814, sans cesser d'être parfaitement nationale, ait proclamé sur la division et la responsabilité des pouvoirs certains principes d'expérience et de bon sens qui sont si peu, quoiqu'on veuille bien le dire, l'apanage particulier de l'Angleterre, que, consacrés aujourd'hui à Vienne comme à Madrid, à Berlin comme à Lisbonne, ils sont en voie de passer dans le droit public universel.

La constitution du 14 janvier 1852 ressemble heureusement beaucoup moins qu'elle n'en a la prétention à cette loi organique de l'an VIII, que son préambule attribue fort à tort au génie de Napoléon, et qu'il qualifie d'œuvre nationale, malgré le peu de place qu'elle occupait dans les souvenirs de la nation. Quoique notre constitution ait été rédigée au lendemain d'une grande crise et dans une défaillance momentanée du sentiment public, l'on y rencontre partout la preuve qu'un demi-siècle de liberté n'a pas passé vainement sur la France. Sans ressusciter ces listes de notabilités écrémées par un Sénat servile, elle établit, en effet, en face du pouvoir impérial, une Chambre directement élue, comme ce pouvoir lui-même, par le suffrage universel ; ajoutons qu'en investissant cette Chambre du droit de voter, après discussion publique, les lois et l'impôt, elle a implicitement admis, dans la mesure où il conviendra à la représentation nationale de le faire prévaloir, celui d'intervenir dans la conduite de toutes les affaires et d'en contrôler souverainement la direction. Le point par lequel cette constitution se confondait surtout avec celle de l'an VIII jusqu'au décret du 24 novembre, c'est que le cercle rigoureux dans lequel se trouvaient enfermées les délibérations parlementaires ne permettait aucun débat efficace sur les intérêts généraux du pays, puisque le Corps législatif, privé de la faculté de provoquer des explications opportunes, de révéler ses craintes ou de manifester ses répugnances, n'exerçait son *veto* financier qu'en face de résolutions arrêtées et de faits irrévocablement accomplis.

Cette stérile loquacité dépensée en présence d'un gouvernement investi, et usant fort du droit de se taire, par où les députés de 1852 se rapprochaient des tribuns de l'an VIII, et par où les sénateurs du second Empire rappelaient tant ceux du premier, fut pourtant, entre toutes les innovations accomplies au lendemain du 2 décembre, celle qu'accueillit une certaine presse avec l'enthousiasme le plus lyrique. Les Chambres allaient enfin travailler aux affaires du pays, dont elles ne s'étaient nullement occupées durant les trente années du règne des avocats; une haute sollicitude les rendait à l'étude des intérêts pratiques en les arrachant au champ de cette politique européenne, qu'elles étaient si mal placées pour connaître. Inspirée désormais par une seule pensée, qui passerait avec la rapidité de la foudre de la conception à un accomplissement simultané, la diplomatie française allait unir l'énergie de Richelieu à la souplesse de Mazarin. En supprimant surtout ces discussions d'adresse, odieux et stérile pugilat, la prévoyance du gouvernement avait préparé pour la France l'ère de toutes les grandeurs et de toutes les prospérités. L'on moissonnerait la gloire sans qu'il fût nécessaire de la semer dans le sang et dans les larmes ; les plus gigantesques entreprises seraient des jeux d'enfants pour un peuple assuré pour jamais contre la banqueroute, comme une maison contre l'incendie : tel était l'encens qui brûlait dans les cassolettes semi-officielles jusqu'au 23 novembre 1860 au soir.

Le lendemain, par un *motu proprio* qui fit mettre au pilon plus d'un article composé la veille, l'empereur prescrivait au Sénat et au Corps législatif d'ouvrir chaque année leur session par une adresse; et, afin que rien ne manquât à cette réhabilitation soudaine d'un passé si longtemps maudit, il décidait que cette adresse serait discutée en présence de commissaires reprenant le nom de ministres, et siégeant au conseil, « qui donneraient aux chambres toutes les explications nécessaires sur la politique intérieure et extérieure de l'Empire[1]. »

L'Empereur ne pouvait être accusé, en étendant ainsi les droits des chambres, d'avoir cédé à leurs sollicitations trop pressantes, leur attitude ne laissant pas même naître un pareil soupçon. Ces corps ne paraissaient pas, en effet, se trouver mal à l'aise dans les limbes politiques où, depuis neuf ans, ne pénétrait pas plus le regret que l'espérance ; et, s'ils avaient emprunté au régime parlementaire ses palais, ses banquettes et ses huissiers, ils n'avaient jamais fait mine d'aspirer à lui emprunter ni la tribune des orateurs ni même celle des journalistes. Le Corps législatif avait passé d'un front toujours serein de la paix à la guerre et de la guerre à la paix, de la lutte contre la Russie, entreprise pour maintenir les traités, à la lutte contre l'Autriche, entreprise pour les déchirer, sans témoigner, même en présence de la brûlante question d'Italie, plus de résistance qu'il n'en avait fallu pour faire ressortir la plénitude de son dévouement. Le Sénat

[1] Décret du 24 novembre 1860, art. 2.

n'avait pas vécu d'une vie moins tranquille. S'il s'était vu gourmandé par le pouvoir, c'était pour avoir fait un usage trop discret de ses prérogatives, ne s'étant trouvé jusqu'alors dans le cas de défendre les institutions dont l'article 25 de la constitution lui commet la garde, qu'en s'opposant à la promulgation d'un projet de loi relatif à une imposition sur les voitures. Le Luxembourg était assurément le lieu du monde où l'on songeait le moins à réunir des matériaux pour préparer le couronnement de l'édifice.

En 1860, les corps constitués n'exerçaient donc aucune sorte de pression sur le pouvoir afin de le contraindre à étendre le champ d'une action qu'ils ne semblaient pas trouver restreint. Les professions libérales, accoutumées durant si longtemps à s'associer aux destinées politiques du pays par le mouvement quotidien de la pensée, souffraient sans doute dans leurs instincts refoulés; mais les événements avaient tellement amoindri leur influence, qu'elles n'étaient point en mesure de hâter le moment où le gouvernement impérial estimerait convenable de procéder à l'extension des libertés publiques. Les masses enfin ne soupçonnaient pas, du moins quand la récolte était bonne, qu'il pût manquer quelque chose à la France. Lors de la promulgation si imprévue du décret du 24 novembre, le pouvoir a donc joui de la plus entière liberté. C'est l'acte le plus spontané qu'aucun gouvernement ait peut-être jamais fait, et rien ne viendra dans l'histoire diminuer pour lui ni l'honneur ni la responsabilité de cette grande mesure. Par quel motif a-t-elle été inspirée? C'est ce que je me crois le droit de rechercher et de dire.

Il est une observation qui ne saurait manquer de frapper les esprits politiques : c'est qu'en agissant par sa seule initiative, et dans l'intérêt sans doute très-réfléchi de son propre avenir, l'Empire a commencé la restauration des garanties constitutionnelles par le rétablissement de ces discussions d'adresse, contre lesquelles s'était si longtemps déployée la verve ironique d'écrivains qui ne se croyaient pas appelés à recevoir un démenti tombé d'aussi haut. En substituant ainsi, dans une situation extérieure des plus graves, la pensée de la France à sa pensée personnelle, en laissant sortir la parole captive du sépulcre aux portes duquel veillaient tant de centurions endormis, le pouvoir fit, je crois, une chose habile autant qu'opportune, encore que cette habileté n'ait pas alors frappé la foule de ses conseillers, et que le public ne se rendît pas compte des motifs véritables sous l'influence desquels avait agi le chef de l'État.

Quelle était, en Europe, aux derniers mois de l'année 1860, la situation du gouvernement français? La question d'Italie, dont la direction lui avait échappé, semblait toucher à une crise décisive. L'on pouvait prévoir avec une vraisemblance égale, ou que le cabinet de Turin se jetterait au printemps sur la Vénétie, ou qu'il détournerait vers Rome le courant des passions révolutionnaires, afin de l'empêcher d'aller se briser contre les remparts du Quadrilatère. Si ce cabinet attaquait l'Autriche, la France, quelles que fussent les réserves diplomatiques prises pour cette éventualité, ne pouvait manquer de se trouver engagée dans un conflit dont il demeurait impossible de circonscrire le champ et de pressentir l'issue : derrière la guerre recommençant en Italie se déroulaient donc dans un formidable lointain, du Danube à la Vistule, tous les problèmes qu'est venu poser en Europe le droit reconnu des nationalités, et c'était pour une œuvre sans limites qu'il s'agissait de se préparer. Devant une pareille perspective, il était naturel que le pouvoir, déjà trompé par le cours qu'avaient suivi les événements au delà des Alpes, s'efforçât d'alléger le poids d'une responsabilité terrible en appelant la France à le porter avec lui.

L'autre hypothèse ne rendait pas moins impérieux un appel à l'opinion publique : car, si le gouvernement du roi Victor-Emmanuel détournait vers Rome le flot qui menaçait Venise, s'il estimait plus facile d'éloigner les Français que de chasser les Autrichiens, la question religieuse allait modifier, jusque dans ses dernières profondeurs, toute la politique intérieure qui avait prévalu depuis le commencement du règne. Avant de prendre de telles résolutions et de changer à ce point de soutiens et d'adversaires, un pouvoir soucieux de ses destinées y regarde à deux fois. Il devient moins jaloux de son omnipotence et beaucoup plus disposé à partager avec autrui le fardeau des résolutions décisives. Quand il faut prendre un pareil parti, on commence à trouver que le gouvernement représentatif a du bon ; on éprouve le désir fort naturel d'interroger le pays, et l'on comprend très-bien que les débats solennels par lesquels se forme l'opinion d'un grand peuple prêtent à son gouvernement une force morale à laquelle les canons rayés ne pourraient suppléer.

C'est donc afin de substituer aux soudainetés périlleuses d'une initiative solitaire un système le débats approfondis et de concessions muüelles ; c'est afin d'assurer à la politique impé'iale, en présence d'une grande crise diplomaique et religieuse, le contrôle et le point d'appui lont elle manquait jusqu'alors, que le trône a lemandé aux Chambres la loyale expression de eur pensée. Nous avons vu au 24 novembre .860, pour la première fois, mais non pas, l faut l'espérer, pour la dernière, la liberté sortir les embarras inhérents au pouvoir absolu; et :e décret mémorable, si important par ses dispoitions, le fut bien plus encore, à nos yeux, par 'éclatante confirmation apportée à nos doctrines lu côté où l'on pouvait le moins l'attendre. C'est)arce que le gouvernement personnel a douté de ui-même, à la fin de 1860, en présence de cir:onstances difficiles, que sa prévoyance alarmée ı rendu à la France l'usage du gouvernement 'eprésentatif. Ceci bien compris, il sera plus fa:ile de pénétrer les conséquences de la résoluion impériale, car ces conséquences vont se dé'ouler d'elles-mêmes.

Interroger les Chambres, c'est s'engager à nettre sa conduite en accord avec leur pensée égulièrement manifestée. Il serait moins blesant, en effet, pour de grands corps politiques, le demeurer, comme ils l'ont été durant dix ans, étrangers au gouvernement et aux relation diplomatiques du pays, que de voir leurs indi cations considérées comme non avenues aprè avoir été solennellement réclamées. Dans le ca où le pouvoir hésiterait à déférer aux vœux d pays, dont la majorité parlementaire est la seul expression possible, la constitution de 1852 d'accord avec celles de tous les peuples libres, n lui réserve qu'un seul droit, celui de dissoudre l Corps législatif pour en convoquer un autre dan le délai de six mois [1]. Il va d'ailleurs de soi, sou une législation émanée du suffrage universel que le dernier mot, en cas de conflit, ne saurai appartenir qu'à la nation : celle-ci n'abdiqu jamais, en effet, sa souveraineté, même lors qu'elle la délègue ; et c'est sans doute à ce prin cipe que l'Empereur a entendu rendre hommag en se déclarant, par l'article 5 de la constitu tion, responsable devant la France. La garanti fondamentale du gouvernement représentatif, l droit définitif de faire prévaloir la pensée d pays, se retrouve donc dans toute sa plénitud sous les institutions actuelles : à ce droit su prême, celles-ci ont ajouté, par la responsabilit personnelle du chef de l'État, une sorte de sanc

[1] Constitution de 1852, titre V, art. 46.

ion théorique qui n'existait point sous les constitutions antérieures. Avec une pareille garantie, e pays est en mesure de reconquérir toutes les autres; et, s'il laissait fausser le mécanisme de ses lois fondamentales, ou s'il hésitait à en user efficacement, il faudrait bien reconnaître que, pour être libre, la volonté lui manque plus que la puissance.

Quel sens attribuer à la responsabilité du chef de l'État solennellement inscrite en tête de la constitution, si la France n'était mise en mesure de s'expliquer à fond à chaque dissolution de la Chambre élective sur la direction générale imprimée aux affaires? Depuis que l'hérédité a été substituée au pouvoir décennal dont la constitution de 1852 avait originairement investi le président de la république, la nation ne peut exprimer sa pensée qu'à l'épreuve périodique des élections, et le pouvoir des Chambres puise dans ce fait une importance toute nouvelle. Le même motif qui fait que la responsabilité des ministres du président n'est point aux États-Unis un dogme constitutionnel, laissait comprendre, à toute rigueur, dans le système primitif de la constitution de 1852, qu'avec un chef nommé pour dix ans et déclaré seul responsable, les Chambres demeurassent à peu près étrangères à la conduite des grandes affaires. Le président, en effet, compa raissant à époque fixe devant la nation, celle-c conservait le droit de changer radicalement l système politique, en changeant l'homme qu en avait été la personnification temporaire. Mai comment comprendre la responsabilité du che de l'État depuis la modification fondamental introduite dans la constitution du 14 janvier pa le plébiscite du 22 novembre 1852, qui a rétab l'Empire et proclamé sa perpétuité? Un pouvoi à la fois perpétuel et responsable est manifeste ment conduit à fournir à la nation un moye légal de prononcer un verdict sérieux. Cette dé claration simultanée donne donc à l'élection d Corps législatif la haute portée d'un jugemer national rendu sur l'ensemble de la politiqu suivie pendant une période de six années, ca ce scrutin demeure pour le pays le seul recou régulier ouvert à sa souveraineté en dehors d la voie des révolutions. Dans la rigueur des prir cipes, une élection générale a certainement sous le régime actuel, une gravité bien supé rieure à celle que lui donnait, sous la charte le système qui déclarait la royauté inviolable e proclamant, comme conséquence de cette invio labilité, la doctrine de la responsabilité minis térielle.

Mais est-il vrai que les Chambres aient perdu ıussi complétement qu'on voudrait bien le dire, lans l'économie de la constitution actuelle, l'ac-ion que leur donnait sur les membres du gou-ernement le principe de la responsabilité minis-érielle? La chose vaut la peine d'être examinée. Comme notre loi fondamentale est moins connue qu'elle ne devrait l'être, je dois rappeler tout l'abord le texte de son article 13, le seul qui létermine la situation des conseillers de la cou-onne sous le régime actuel : « Les ministres ne « dépendent que du chef du gouvernement; il « n'y a point de solidarité entre eux; ils ne peu-« vent être mis en accusation que par le Sénat. »

Ce texte fut probablement rédigé sous l'empire l'une pensée fort restrictive; je doute toutefois qu'en l'écrivant on ait précisément atteint le ut qu'on avait pu se proposer. Rappelons tout l'abord que, sous la charte de 1830 comme sous a constitution de 1852, les ministres ne dépen-laient en principe que du chef de l'État, puisque eul il avait le droit de les choisir et qu'il con-ervait toujours celui de les renvoyer. J'ajoute que, si loin dans le passé que se reportent mes ouvenirs parlementaires, depuis le procès de Strafford jusqu'à celui des derniers conseillers du oi Charles X, je ne rencontre aucun ministre solidairement condamné, soit par la passion, so: par la justice, pour des actes auxquels il n'aura: pas personnellement concouru. La situation de membres du cabinet, sous le régime actuel, n'es donc pas sensiblement différente, au point d vue de la solidarité, de ce qu'elle était antérieu rement.

La liberté n'est aucunement intéressée, d'ail leurs, à ce que les ministres ne puissent êtr accusés que par le Sénat : une pareille dispositio est très-rationnelle sous un régime où ce corp est proclamé le gardien des lois fondamentales et nul ne saurait méconnaître les garanties o fertes par la composition de la haute cour d justice à laquelle le sénatus-consulte du 10 juil let 1852 a déféré les crimes commis contre l sûreté de l'État. Enfin, je ne crois pas me trom per en disant que, si les Chambres en viennent prendre fort au sérieux les attributions que l constitution actuelle leur confère, les conseiller de la couronne, quoique ne dépendant en prin cipe que du chef de l'État, devront résigner leu portefeuilles, chaque fois que l'attitude de l'un ou de l'autre conduira l'Empereur à modifie d'une manière sensible la politique à laquelle le représentants de la nation auraient refusé d s'associer.

La question ministérielle est si étroitement liée la question parlementaire, que le pouvoir, ulant restituer aux corps politiques une partie leurs attributions, a dû commencer, et telle t, en effet, l'une des dispositions principales du écret du 24 novembre, par rendre le nom et le ng de ministres aux commissaires du gouvernement chargés d'exposer et de défendre ses actes evant eux. Cette concession est devenue plus nportante encore, depuis que le ministre d'État t le ministre présidant le Conseil d'État ont reçu harge de défendre la politique à laquelle le on sens public n'admettra jamais que ces deux ersonnages ne concourent point. Mais elle est econnue si manifestement insuffisante par les mis les plus dévoués du gouvernement, qu'un crivain, plus autorisé que je ne puis l'être à ommenter la constitution impériale, n'hésite pas dire que tous les ministres à portefeuille pouront être appelés désormais au sein des Chamres, pour y porter la parole, non comme secréaires d'État, mais *en qualité de commissaires du ouvernement* [1]. Le nom ne fait rien à l'affaire, ar en défendant la politique du gouvernement,

[1] Lettres sur la constitution de 1852, par M. Latour du Moulin, membre du Corps législatif.

il sera bien difficile que ses agents ne croien pas défendre aussi la leur. Certains ministres sénateurs ont mis plus d'une fois dans les explications fournies par eux au Luxembourg une accentuation personnelle des plus prononcées.

Si la politique dont les ministres sont les organes est soutenue par l'adhésion des deux grand corps de l'État, nul doute que ce concours ne fortifie auprès de l'Empereur la position des membre de son conseil, quelque soin qu'ait pris la Constitution pour faire des conseillers de la couronne le instruments passifs de la pensée impériale. Mai si, après avoir été exposée et débattue au Palais-Bourbon et au Luxembourg, cette politique étai au contraire reconnue par la majorité ou inhabile ou périlleuse ; si le gouvernement se trouvai en désaccord avec une Chambre élective soutenu par l'opinion publique, avec un Sénat sur leque il demeure sans moyens réguliers d'action, puisque ce corps est inamovible et que le nombre de ses membres est fixé par la loi fondamentale [1] nul doute que la couronne, avertie par un respectueuse adresse, et prenant conseil de la prudence, ne se résolût, en modifiant sa politique, à en changer les instruments. Hésiterait-

[1] Constitution de 1852, art. 19.

elle sur ce point-là, que ceux-ci la supplieraient certainement de s'y résoudre dans l'intérêt de leur propre dignité. A qui persuadera-t-on que le pouvoir voudrait inaugurer un autre système en le faisant appliquer par les mêmes hommes, et que les orateurs qui auraient solennellement défendu devant la représentation nationale une certaine ligne de conduite consentiraient à venir exposer dans la même enceinte un plan de conduite tout contraire, en arguant du principe que le gouvernement n'appartient qu'à l'Empereur et que lui seul est responsable? Des ministres *pour tout faire*, comme les servantes des *Petites Affiches*, provoqueraient une telle explosion de sifflets, qu'il faudrait bientôt les sacrifier à l'honnêteté publique. S'il arrivait jamais qu'un homme considérable consentît à pratiquer dans les affaires une politique notoirement contraire à ses opinions connues, cette condescendance, toute constitutionnelle qu'elle pût être, concourrait singulièrement à mûrir dans la conscience publique la question de la responsabilité ministérielle.

A la responsabilité personnelle des ministres, l'on peut superposer sans doute la responsabilité suprême du chef de l'État, si celui-ci l'estime avantageuse ou nécessaire. Mais le jour où cette responsabilité, cessant d'être comme elle l'est aujourd'hui une formule générale, passerait dans notre droit politique sous un mode constitutionnel déterminé, la France aurait glissé du régime impérial dans le régime républicain. La théorie d'une royauté inviolable, couverte par des agents directement responsables, continue à être envisagée par les meilleurs esprits comme la garantie la plus sûre de l'idée monarchique en Europe; et c'est surtout dans une certaine partie de l'école républicaine, rattachée à l'Empire, sans abdiquer ses propres espérances, que la doctrine énoncée dans l'art. 5 de la constitution de 1852 a rencontré l'adhésion la plus vive, et certainement aussi la plus calculée.

Quoi qu'il en soit de ce grand problème de l'avenir, on rentra si naturellement, après le décret du 24 novembre, dans l'atmosphère des idées constitutionnelles, qui était l'atmosphère même du pays, qu'on vit tous les journaux qui réclamaient l'évacuation de Rome par l'armée française, provoquer la dissolution de la Chambre élective, persuadés qu'une mesure dont la pensée avait été repoussée par une majorité imposante, ne pouvait être désormais sanctionnée que par une majorité nouvelle. Ajoutons que la première discussion d'adresse ıt tellement fructueuse, la chaîne des traditions 'étant bien vite renouée malgré l'accumulation des sophismes, que le sénatus-consulte du 5 décembre 1852, par lequel le vote du budget ıar ministère avait été substitué au vote par hapitre, ne rencontra plus un défenseur, et qu'il ut, d'un assentiment unanime, la première victime immolée à la liberté renaissante.

La France ne s'arrête jamais au milieu d'un ıon mouvement, et la raison y reprend ses lroits plus vite encore qu'elle ne les perd. Tout ıermettait donc de considérer comme prochain e moment où les ministres de l'Empereur vienlraient défendre à la tribune les actes dont la esponsabilité morale leur appartient, puisqu'ils es ont contre-signés, sans l'interposition d'un sosie politique qu'ils ont toute raison d'appréıender, soit que celui-ci demeure au-dessous de a tâche, soit qu'il l'accomplisse avec trop d'élat. Voici, toutefois, plusieurs années écoulées ans qu'aucun pas nouveau ait été fait vers la vérité du gouvernement représentatif, qui est au ond la seule pensée persistante de la France. En vain nos grandes cités se sont-elles entendues ıour renvoyer à la tribune les hommes qui en ont té si longtemps la gloire. Ceux-ci trouvent devant eux des orateurs éminents, sans doute ;

mais ces orateurs ne viennent défendre ni l actes qu'ils ont accomplis, ni la politique qu' ont inspirée. Si dignes qu'ils soient par le tale d'un rôle plus vrai, ce rôle leur est refusé ; leur maintient celui d'artistes en paroles, d'av cats, et presque de bavards, si longtemps repr ché aux hommes des gouvernements antérieu par des écrivains qui, après avoir signalé paille, mettent une si grande bonne volonté ne point voir la poutre.

Quelle objection élèverait-on contre un usa aujourd'hui pratiqué dans l'Europe tout entièr Lorsque l'empereur d'Autriche envoie ses mini tres au Reichsrath, pourquoi l'empereur d Français refuserait-il d'envoyer les siens au Cor législatif? Arguerait-on des manœuvres prat quées en d'autres temps pour la conquête d portefeuilles? Mais la constitution de 1852 a d claré le mandat de député incompatible avec l fonctions ministérielles; et, afin de prévenir ju qu'à la possibilité de toute machination amb tieuse au sein de la chambre élective, elle a c devoir en interdire l'accès à tous les fonctio naires publics.

Des ministres choisis par l'Empereur dans Sénat, le Conseil d'État ou le Corps diplomat que, n'auront manifestement aucun moyen ouer avec les députés des intrigues qui ne ourraient d'ailleurs profiter à personne. Rendre ›s ministres étrangers au Corps législatif, rendre ›s députés étrangers à l'administration, telle a té l'innovation capitale apportée dans la praque du gouvernement représentatif par la contitution de 1852. Si, selon la loi constante de esprit français, l'on est allé, comme je le crains, 'un extrême à l'autre, je ne prétends pourtant as condamner cette théorie : la liberté n'y est ucunement intéressée, et je ne vois que des avanıges à tenter loyalement une pareille épreuve. l n'est pas nécessaire à la vérité du gouverneıent constitutionnel que les ministres fassent artie de la représentation nationale. L'Empeeur les choisirait-il tous dans la haute adminisration, que, si leur responsabilité était légaleıent proclamée, le pays n'en éprouverait ni tonnement ni contrariété.

En consacrant les derniers efforts de leur vie à animer dans le pays la flamme généreuse qui arut quelque temps près de s'éteindre, les amis prouvés des institutions représentatives n'entenent pas faire dépendre la possession de la liberté onstitutionnelle d'un retour judaïque à toutes les ›rmes dont l'avaient revêtue les institutions précédentes. Tout en croyant que nos deux chartes présentaient, à tout prendre, un ensemble d'ex cellentes combinaisons, personne n'en tient as surément le texte pour sacramentel, car la libert est chose trop vivante pour se laisser encadre dans les formules d'un symbole immuable. Il n'y a qu'une idée essentielle dans le système parle mentaire, c'est de substituer les résolutions déli bérées aux résolutions spontanées, en faisan toujours prévaloir dans la direction générale de affaires publiques l'avis du pays loyalement con sulté, quelles que soient d'ailleurs les attribu tions plus ou moins étendues départies selon le temps à la puissance exécutive.

Qu'on assure donc à la France des élections sin cères, à la presse une juridiction régulière; qu'o n'ait à redouter ni l'arbitraire pour sa personne ni la confiscation pour sa propriété, et je tien drai mon pays pour rentré au nombre des peu ples libres, malgré les différences qui pourraien subsister entre le texte des institutions de 185 et celui des constitutions précédentes. Je passe rais volontiers, je l'avoue, sur les restrictions ap portées au droit d'amendement si le droit d voter les lois s'exerçait sans entraves ; je ne trou verais pas mauvais que le Conseil d'État eût u caractère politique si l'on n'hésitait plus à rendr hommage à celui de la représentation nationale

; trouve excellent qu'on oppose à l'inévitable artialité des feuilles publiques un compte rendu fficiel des débats parlementaires, et je ne sais ien de plus piquant et de plus moral que d'imoser à certaines feuilles auxquelles appartient e monopole de certains lieux l'obligation d'y orter la vérité qui les démasque et les confond. Infin, si, pour ne pas paraître suspect de préention contre le régime actuel, il fallait absoument y découvrir des mérites tout nouveaux ans l'ordre politique, j'irais jusqu'à reconnaître u'il existe dans la loi organique certaines disositions que n'avaient jamais réclamées les esrits les plus avancés, dispositions dont la liberté aura dans l'avenir beaucoup moins à se réoccuper que le pouvoir.

L'on devine tout d'abord qu'il s'agit de ce lroit départi au premier venu de faire délibérer e Sénat sur les questions les plus brûlantes en 'en saisissant par voie de pétition. En présence de lébats ainsi provoqués, débats auxquels les séateurs ne paraissent pas avoir pris moins de ;oût que le public, tant est prompte la contaion de l'esprit de liberté, l'on peut compter ue les députés ne tarderont pas à reconquérir ; droit d'interpellation, d'un usage beaucoup noins périlleux, puisqu'il est toujours réglé par la souveraine intervention de la Chambre. L'or ne saurait refuser longtemps aux représentant du pays une faculté attribuée au dernier étudian de nos écoles, sans les exposer à la piquante tentation de pétitionner eux-mêmes, afin de faire dire au Luxembourg ce qu'ils seraient dans l'impossibilité d'articuler au Palais-Bourbon.

Il est un droit bien plus important encore accordé par la constitution au Sénat, droit qui rend tous les agents du pouvoir, si élevés qu'ils puissent être, justiciables de ce corps politique. Ce droit suprême, qui n'a de précédent dans aucune institution européenne, résulte de l'art. 29, qui permet au plus obscur citoyen de déférer au Sénat tous les actes du Gouvernement, sans exception, même ceux qui touchent à la politique extérieure. « La disposition la plus grave est celle qui donne à ce corps le droit et par conséquent le devoir d'ANNULER tout acte inconstitutionnel qui lui est déféré par une pétition. Ce n'est rien moins qu'une haute cour de cassation politique. Il est peu de termes plus généraux et plus larges. Le Sénat peut-il annuler un décret impérial? Sans aucun doute, puisque son pouvoir s'étend sur la loi et même sur la constitution. C'est ici surtout que la définition des principes de 1789 devient nécessaire, car tout acte ontraire à ces principes, étant par cela même ıconstitutionnel, peut et doit être annulé par ; Sénat. Les votes du Sénat ayant pour but 'interpréter et de réformer la constitution sont oumis à la sanction du pouvoir exécutif; mais elles de ses décisions qui annulent un acte inonstitutionnel en sont affranchies; il est investi ur ce point d'un pouvoir souverain. Il n'y a ımais eu dans aucune constitution de garantie lus formelle contre l'arbitraire *pourvu qu'on en se* [1]. »

Ainsi s'exprimait un honorable publiciste au endemain du 24 novembre, en appréciant la ortée de ce *nouvel acte additionnel aux constiıtions de l'Empire.*

Parmi les amis des gouvernements tombés, il pu s'en rencontrer qui aient trouvé plus facile e se croiser les bras sur des ruines que de reever laborieusement l'édifice de la liberté sur es bases un peu différentes. Mais ces esprits déouragés n'avaient pas compté que d'autres feıient bientôt, sous le coup de leurs propres emarras, plus de la moitié du chemin, de telle orte que les partisans du régime constitutionnel

[1] La Constitution de 1852, par M. Léonce de Lavergne, ıembre de l'Institut, décembre 1860. Dumineray, éditeur, rue e Richelieu.

entendraient proclamer, en matière de garanties budgétaires, des théories que l'oppositio la plus avancée n'avait encore ni défendues n soupçonnées.

Lorsqu'en décembre 1851 la tribune s'écroulait au milieu de l'indifférence générale, le hommes doués de quelque sagacité purent prévoir que la faveur populaire dont se trouvait entouré le régime de la dictature, se prolongerai tant que des faits nouveaux n'auraient pas démontré que cette bruyante tribune était depui trente ans la plus sérieuse garantie de la paix d monde, et qu'il faudrait un jour opter entre de discours peut-être inutiles et des armements cer tainement ruineux. L'on eût pu prévoir ave non moins de certitude que les abus inévitable dans l'emploi de finances non contrôlées provo queraient un retour de l'esprit public vers le garanties parlementaires, et que celles-ci n tarderaient pas à paraître nécessaires pour sau vegarder les seuls biens qui, dans notre temp trouvent encore quelque énergie pour se défen dre. La faveur rencontrée par le régime de l dictature ne pouvait manquer de se mainten tant que des perspectives nouvelles n'auraie pas constaté que l'intervention parlementai avait seule, depuis 1815, dirigé les intérêts e ropéens vers la paix, celle-ci ne pouvant pas plus survivre à la liberté, que le crédit public au contrôle législatif.

La démonstration s'est produite avec une autorité irrésistible. Aussi n'est-il demeuré aux apologistes de l'arbitraire en matière de finances qu'à célébrer le désintéressement avec lequel l'Empereur a déclaré vouloir renoncer à l'usage des crédits supplémentaires en toute circonstance et en tout état de cause. Depuis ce grand acte, la presse officieuse a jugé ces crédits comme auraient pu le faire la veille les mauvais journaux, s'ils n'avaient redouté un avertissement.

Si les hommes d'État s'étonnèrent en voyant le gouvernement impérial abdiquer la faculté d'ouvrir des crédits extraordinaires, même sur les chapitres du budget, où ce droit est réservé à la couronne dans toutes les monarchies constitutionnelles, on dut leur rappeler qu'une telle interdiction était le seul moyen logique de faire fonctionner le système qui nous régit. Lorsque des ministres responsables se présentent devant les Chambres pour faire régulariser des crédits ouverts en dehors des prévisions budgétaires, les députés usent de leur droit dans le cas où ces crédits leur paraissent peu justifiés, en faisant tomber les ministres ou en les mettant en accusation ; mais une telle ressource échappe nécessairement lorsque le chef de l'État est déclaré par la constitution seul responsable. Dans cette situation sans précédent dans les deux mondes, on n'a découvert qu'une manière d'empêcher l'abus, c'est de supprimer l'usage ; et, quelque difficulté qui se rencontre à régler l'avenir à dix-huit mois de distance, il a paru que le plus sûr, afin que le pouvoir demeurât inviolable, c'était de le présupposer infaillible [1].

Je voudrais n'être pas moins assuré du zèle que mettra la Chambre élective à développer les droits qui ne la touchent pas directement que je le suis de l'ardeur avec laquelle, sous l'inspiration des hommes illustres qui ont conquis sa confiance en conquérant son estime, elle hâtera le retour de la France vers une organisation constitutionnelle plus complète. Mais j'appréhende de voir la liberté de la presse, peut-être même la liberté électorale, réclamer longtemps la plénitude de ces garanties, en l'absence desquelles il n'y a pourtant ni vie publique pour la nation, ni autorité morale pour les assemblées politiques. La presse surtout, quoiqu'elle soit à la fois le stimulant et le reflet de la tribune, apparaît presque

[1] Lettre impériale à M. Fould, du 14 novembre 1861.

toujours à celles-ci sous la forme d'un pouvoir rival, auquel l'on doit trop pour ne pas lui en vouloir un peu; et ce n'est pas assurément de leur sein que s'élèveront aujourd'hui en sa faveur des réclamations pressantes. Mais cette réserve importe peu : que la tribune relève le pays de sa longue prostration, et celui-ci ne tardera pas à faire le reste.

En présence de la lettre du 14 novembre 1861, qui, en acceptant solennellement à la veille d'une session législative les conditions tracées par un ministre, a fait rentrer le pouvoir dans la donnée fondamentale du gouvernement représentatif, il reste établi que, pour faire aboutir à des résultats sérieux le culte platonique professé pour les idées de 89, il suffirait désormais à la France de protéger d'un regard vigilant ses institutions dans leur source, l'élection populaire.

Ce n'est pas sans doute en un jour qu'on rompra sur tous les points d'un vaste territoire la glace solide d'indifférentisme entretenue par une administration qui, de la meilleure foi du monde, répute hostiles toutes les forces qui n'émanent pas d'elle-même. Ce n'est pas du premier coup qu'en présence d'une presse départementale désarmée, on fera brèche dans un système où la puissance du patronage administratif ne pourrait être balancée que par le concert de toutes les forces morales. Cependant les opinions indépendantes, une fois entrées en campagne, n'ont pas à se troubler de l'avenir, car il leur sera moins difficile de s'assurer la victoire que de se résoudre à la disputer. Il faut avoir sous les yeux, pour l'imiter dans l'habileté de ses procédés plus que dans l'âpreté de ses luttes, l'opposition des dix-huit membres de 1824 qui disposèrent six ans plus tard des destinées de la France. Les temps sont changés sans doute comme les hommes; aucune des susceptibilités populaires de cette époque n'est aujourd'hui excitée, et la condition suprême pour réveiller en France le sens oblitéré de la liberté politique, c'est de ne pas heurter les dispositions d'un pays où tous les intérêts comme tous les instincts résistent désormais aux luttes inutiles et aux solutions violentes.

Voici la première fois peut-être que les partis se trouvent par calcul condamnés à demeurer dans la mesure de la vérité et de la modération. Que, selon le précepte divin, ils cherchent d'abord la justice, et le reste leur sera donné par surcroît. L'œuvre principale à tenter, c'est d'opposer à l'innombrable armée de ceux qui ne pensent plus la petite armée de ceux qui entendent penser encore. Pour moi, j'éprouve une telle reconnaissance envers les gens qui veulent bien conserver aujourd'hui des opinions, quelles qu'elles soient, que je n'ai jamais trouvé ni la tolérance plus facile ni l'esprit de transaction plus naturel. La France est soumise en effet à une telle pression d'inertie, que si le travail auquel concourent sur tous les points de son territoire des agents innombrables n'y provoquait une réaction par ses excès mêmes, elle ne tarderait pas à devenir la mieux organisée des machines et la plus morte des nations. Une presse officieuse dont tout le souci consiste à varier les formes de son approbation, une administration départementale qui domine tous les intérêts, telle est la double batterie incessamment dirigée contre l'esprit public.

Ici s'élève par la force même des choses cette question de la décentralisation administrative, devenue le thème des écoles les plus opposées, et qui fait dans l'opinion des progrès que je voudrais croire sensibles. Il est impossible, en effet, de n'être point frappé des conséquences d'un système qui a placé toutes les existences sous la main du pouvoir et tend à paralyser, par l'intervention incessante de celui-ci, les derniers restes de la vie dans les localités et jusque dans les familles. L'un des vétérans de la tribune française a rappelé au pays avec l'autorité qu'il y conserve que les libertés administratives sont la monnaie de la liberté politique. Mais, dans l'écrit de M. Odilon Barrot[1], les remèdes sont moins clairement indiqués que le mal; et, si des publicistes appartenant à une autre école ont aussi formulé des plans de réorganisation administrative, ces plans-là ont quelquefois le tort de n'aller à rien moins qu'à renverser de fond en comble, non pas seulement l'œuvre de la Révolution française, mais l'œuvre même de la vieille monarchie.

Rien n'est plus difficile pour un peuple que de réagir contre le principe qui l'a constitué, quoiqu'un pareil travail soit presque toujours rendu nécessaire par les besoins nouveaux de l'avenir. Afin de conserver en Europe le rang élevé qui lui appartient, l'Angleterre s'est vue de nos jours contrainte d'organiser dans son sein une administration centralisée dont sa vie historique lui refusait jusqu'aux premiers éléments. Pour n'être pas étiolée par la bureaucratie, au point de périr étouffée sous les langes dont son administration l'enveloppe, la France aurait un inté-

[1] De la Centralisation, par M. Odilon Barrot; 1862. Dumineray, rue Richelieu.

ėt tout contraire ; et le plus grand service que ıût lui rendre un pouvoir bien avisé serait d'y animer la vie sociale en provoquant une participation plus directe des citoyens au règlement .e leurs propres affaires.

Mais l'atonie a si profondément pénétré dans organisme d'un peuple façonné depuis des iècles par l'action exclusive du pouvoir central, ı France a si constamment préféré au droit 'agir le droit de critiquer, que les efforts parfois ɜntés par le gouvernement lui-même afin de estreindre la sphère de sa propre action ont bouti à des résultats absolument contraires. el a été, par exemple, le sort des deux décrets ủ 12 avril 1851 et 25 mars 1852, rendus dans ı louable pensée de hâter l'expédition de cer-ıines affaires d'un caractère purement local. ės décrets, à côté de quelques avantages sans nportance, ont eu pour conséquence d'abaisser ɔus les services administratifs devant l'omnipo-ɜnce des préfets, aux mains desquels ils ont ɜmis les clefs de presque toutes les carrières ublique.

Reconnaissons d'ailleurs qu'il serait impru-ɜnt d'attendre du pays, pour la gestion des af-.ires locales, un concours très-actif, malheu-ɪusement contraire à ses habitudes invétérées.

Qu'on demande au gouvernement de renonc au droit blessant de choisir ses maires hors d'ı conseil municipal dans lequel ceux-ci n'auraie: pas assez d'influence pour se faire admettre qu'on lui demande de rendre aux conseils gén raux le droit perdu en 1852 de placer à leur tê les hommes de leur propre confiance ; qu'on r clame, pour ces grandes assises départementale la publicité de leurs séances, publicité pratique sans aucune sorte d'inconvénients après 184 et le droit mieux séant encore de vérifier le titres de leurs propres membres, de tels vœu seront accueillis avec chaleur par les corps élec tifs, dont la vie se retire. Ces vœux ne sont pa de ceux que le pouvoir impérial répugne d'ai leurs à exaucer. On a vu le ministre qui allait li vrer à la liberté électorale une lutte historique donner à la juridiction contentieuse des conseil de préfecture des garanties de publicité qui on une importance très-considérable [1]. On a telle ment l'instinct que le pays aspire à l'extension d ses libertés, qu'on lui donne toutes celles qu'i ne demande pas, afin de suspendre plus long temps l'octroi de celles qu'il peut souhaiter. La liberté de la boulangerie a profité des entrave

[1] Décret du 30 décembre 1862.

mises à la liberté de la presse; une troupe de baladins peut défigurer Molière grâce à la liberté des théâtres, à laquelle personne ne songeait, même parmi les comédiens; mais si d'illustres membres du Corps législatif, pour défendre leurs intentions méconnues ou travesties, réclamaient le droit d'exposer toute l'année dans un journal fondé sous leur responsabilité personnelle, les idées qu'ils développent durant quatre mois à la tribune, il est permis de penser qu'ils pourraient bien éprouver un refus dont l'arbitraire administratif n'aurait à rendre compte à personne. Déshérités à raison de leur importance même d'un droit accordé à d'obscurs écrivains, il faudrait qu'ils se tussent ou qu'ils acceptassent, chose plus grave pour des hommes publics, la solidarité d'apologistes compromis.

De telles anomalies ne suffisent-elles pas pour constater qu'il existe dans la situation présente un désaccord qui en constitue le fond même? Le pays appartient, malgré des hésitations passagères, à la grande école libérale fondée par nos pères, et qui restera celle de nos fils. Quoique obéissant à des inspirations souvent plus élevées, le pouvoir incline vers l'école qui voudrait accomplir dans la France de la souveraineté populaire à peu près ce que le *despotismo illustrado* aspirait à faire, après la mort de Ferdinand VII, dans l'Espagne du droit divin.

Il ne faut ni s'en étonner ni s'en plaindre, car rien n'est plus noble que de conserver sur le trône des convictions professées dans la captivité. Mais il existe pour le second Empire un principe supérieur même à la fidélité aux convictions personnelles, c'est le devoir de s'incliner devant la volonté nationale, chaque fois que cette volonté se manifeste sans aucun équivoque possible. L'histoire rendra à l'empereur Napoléon III la justice qu'il a constamment professé ce principe-là et qu'il n'a jamais hésité dans l'accomplissement de ce devoir lorsque le vœu du pays lui a paru évident. Ceux qui espèrent comme nous un réveil plus complet de l'esprit public sont donc autorisés à compter pour l'avenir sur l'*Empire libéral*, mais c'est sans se donner le petit ridicule de le saluer prématurément comme un fait accompli. On rend un mauvais service au pouvoir en lui attribuant des idées fort différentes de celles qu'il professe et le public n'est pas dupe de ces sortes d'habiletés-là; ces contre-vérités compromettent ceux qui les énoncent, sans profiter à personne. Si l'on ne veut pas se résigner à l'opposition, qu'on ose du moins se résigner à l'espérance, car ce n'es as se compromettre beaucoup avec le présent ue d'attendre encore quelque bien de l'avenir. onservons donc cette confiance, force irrésisble dans les jours de scepticisme : ne permetons pas qu'on oppose à nos idées le spectacle e leurs revers, et ne laissons pas surtout dire à i frivolité ignorante que la liberté politique 'est possible qu'au sein des nations où domine ; principe aristocratique.

Prétendre que les peuples constitués aristocraquement peuvent seuls pratiquer la liberté, 'est à la fois commettre une hérésie historique t fermer les yeux au spectacle de l'Europe conemporaine. L'école de Caton défendit sans doute éroïquement les vieilles institutions romaines, nais celles-ci n'étaient pas précisément libéales; à Venise, l'on était peu fanatique de gaanties et de publicité. Enfin, ce n'est pas à ce ue l'Europe compte encore de grands seigneurs llemands ou même hongrois que je confierais ans réserve les destinées de la liberté moderne. Quelques nobles russes peuvent bien souhaiter ıne constitution pour n'être point exposés au oyage de Sibérie, mais je voudrais un stage ıvant de les faire passer maîtres ès liberté. Si le régime constitutionnel s'est fondé à tracers de longues et sanglantes péripéties dans les deux royaumes de la péninsule ibérique, je croi que ni la grandesse espagnole ni la fidalgi portugaise n'ont pris à cette fondation la par prépondérante qu'avait eue l'aristocratie an-glaise dans l'établissement de 1688 ; j'ajout enfin que ni la Hollande, ni la Belgique, ni le cantons de la Suisse, ni le Danemark, ni l démocratique Norvége, ne me paraissent dis-posés à se rapprocher du type britannique quoiqu'ils entendent très-bien garder leur nobles institutions. Si loin que portent mes re-gards, je ne découvre pas cette opposition na-turelle entre la démocratie et l'actif exercice de droits politiques, entre le progrès social dans ce qu'il a de légitime, et le respect des droits individuels, dans ce que ceux-ci ont de sacré : opposition que les publicistes autoritaires avaien érigée en doctrine d'État avant le décret du 24 novembre.

Ces écrivains tiennent d'ailleurs en réserve un dernier argument qu'ils considèrent comme irréfutable. Le gouvernement parlementaire es tombé, donc il était impossible. Je répondrai que le gouvernement absolu a eu le même sort, et que, si l'on dit le second Empire, c'est apparemmen parce qu'il y en a eu un premier. Au surplus, en témoignant aujourd'hui confiance dans le pro-

:hain triomphe de notre vieille foi politique, ıous nous trouvons en communion avec des ıommes d'État éminents, chez lesquels les froids :alculs de l'âge mûr ont réveillé fort à propos es inspirations de la jeunesse. Les pensées de ·éaction à l'intérieur ont disparu avec les pen-ιées belliqueuses, et le pouvoir incline de plus :n plus vers la paix, qu'il faudrait appeler l'i-ıitiatrice de la liberté. C'est une justice à rendre ιu gouvernement actuel, qu'il a tiré de ses nécomptes tout le fruit que les écrivains ascé-iques nous invitent à faire produire à nos pro-ɔres fautes. Lorsqu'une méthode ne lui réussit ɔoint, il a la sagesse d'en appliquer une autre; :t, lorsqu'il s'est trouvé au-dessous de ses pro-ɔres difficultés, il n'a jamais hésité à appeler le ɔays afin qu'il en prît sa part. Nous avons vu es insolubles problèmes sortis de la question d'I-alie aboutir au décret du 24 novembre. Nous ιvons vu deux ans plus tard les embarras finan-:iers provoqués par l'expédition du Mexique dé-erminer l'entrée au sein de la représentation ıationale de deux ministres investis des plus ıautes fonctions de l'État. Ce serait à souhaiter l'autres fautes, afin que leur réparation profitât :ncore à la liberté.

CHAPITRE VI

LE NOUVEAU DROIT PUBLIC EUROPÉEN

On vient de voir ce que l'école libérale espère le l'avenir en matière d'institutions ; il reste à indiquer ses aspirations dans la sphère où s'exerce 'action de la France. Si dédaigneuse qu'ait été :elle-ci de ses traditions historiques pour l'organisation de son gouvernement, elle leur est demeurée singulièrement fidèle en ce qui concerne son œuvre extérieure, et peut-être, pour dire ce que souhaite aujourd'hui le pays, le plus sûr est-il de rappeler ce qu'il a voulu dans tous les siècles.

Les ambitions nationales ont, dans le cours entier de notre histoire, ou bien un but très-légitime, ou bien un caractère très-désintéressé. On y voit peu de grandes entreprises qui n'aient été léterminées par de justes motifs de sécurité, ou par ces intérêts d'un ordre supérieur, que l'honneur de la France est de n'avoir jamais séparé des siens.

Établis dans les Gaules, où ils se fonden bientôt avec les populations conquises, les Franc protégent l'Europe contre le torrent de la barbarie musulmane qu'ils iront plus tard tari à sa source. Soldats de la civilisation chrétienne, ils portent les derniers coups au paganisme dans le Nord, et constituent en Italie l puissance temporelle de l'Église, condition fondamentale de sa liberté. Lorsque avec le gouvernement des comtes de Paris devenus rois, l France ouvre le cycle de sa véritable histoire, l nation embrasse d'un premier coup d'œil le vast champ où elle va vivre, en le circonscrivan d'ailleurs avec la plus parfaite sagacité. Philippe-Auguste défend à Bouvines le territoir conquis par Clovis à Tolbiac, et la royauté capétienne reconquiert pièce à pièce le sol de la patrie morcelé par les grands vassaux. Quatr siècles sont consacrés à cette immense restauration. Deux autres s'écoulent dans une lutte acharnée contre l'Angleterre, lutte dans laquelle il n s'agit pas de faire des conquêtes, mais de reprendre l'une après l'autre les provinces passée aux Plantagenets, par les tristes accidents de l'imprévoyance ou de la fortune. Cette œuvre est peine terminée, qu'une autre non moins légitime commence.

Après quelques vains projets sur l'Italie, éclos dans la tête légère des Valois, et payés d'un sang héroïque, il faut se remettre à protéger la France menacée par la puissance formidable qui s'étend de Vienne à Lisbonne et de Madrid à Naples. La guerre contre les deux branches de la maison d'Autriche se prolonge durant toute la première moitié du dix-septième siècle : Richelieu use ses forces, et Mazarin consacre son grand et souple esprit à préparer en même temps le système politique de la France et les conditions permanentes de la paix générale. Les plénipotentiaires français portent à Münster et à Osnabrück des vues inspirées par une haute prévoyance. L'équilibre de l'Europe et l'équilibre spécial de l'Allemagne sont assis sur des bases analogues; et sans être à l'abri des coups du sort, cet ingénieux mécanisme résout de la manière la moins imparfaite tous les problèmes posés dans le monde depuis la rupture de l'unité religieuse.

Mais, quoiqu'elle fût devenue l'évangile des hommes d'État, la doctrine de la pondération des forces ne pouvait rien ni contre l'ambition des grands princes, ni contre l'inertie des rois pusillanimes. Aussi l'équilibre européen fut-il atteint et par les coups que lui porta Louis XIV et par ceux dont Louis XV le laissa frapper. Ne se contentant pas de la prépondérance acquise à la France dès le début de son règne, le brillant époux de Marie-Thérèse d'Autriche s'efforça de dépouiller la maison rivale. Il commença une série de guerres d'ambition, suggérées par un esprit très-différent de celui qui avait inspiré la plupart des entreprises dans lesquelles s'étaient engagés les rois ses prédécesseurs. Un siècle avant Napoléon, Louis XIV rêva l'asservissement de l'Europe, sans entrevoir d'une manière plus précise que son successeur le terme définitif de projets inspirés par son orgueil personnel plus que par l'intérêt de sa patrie. Ses efforts vinrent se briser contre une coalition formée et soutenue par la haine persistante de l'Angleterre, et Louis XIV trouva à Hockstet sa journée de Leipsig. Mais si inférieur que le grand roi pût être au grand homme, il eut sur celui-ci l'avantage de profiter de ses fautes, en élevant son caractère à la hauteur de son infortune. La nation fut sauvée par le prestige personnel de son vieux souverain. Sans imposer aucun sacrifice à la France accablée, la paix de 1713 fonda l'équilibre de l'Europe sur ses bases les plus naturelles, et jamais la balance des forces respectives ne se trouva plus solidement établie qu'après le traité d'Utrecht. Sortie par ses victoires contre la Hollande et l'Allemagne de la vérité de son rôle, la France y était rentrée par ses défaites.

Mais la vie des nations échappe promptement au mécanisme dans lequel les stipulations les plus habiles s'efforcent de la maintenir. Quelques années plus tard s'élevait, improvisée par le génie, une monarchie colossale dont le nom avait à peine été prononcé jusqu'alors. Appuyée au pôle, l'un de ses bras s'étendait vers Varsovie et l'autre vers Constantinople. Devant cette influence nouvelle commença pour la Pologne la carrière d'anarchique impuissance qui explique, sans le justifier, l'attentat sous lequel elle a péri. L'Allemagne, de son côté, ne tarda point à échapper aux combinaisons du traité de Westphalie, car les diplomates avaient compté sans un grand homme, et l'on vit tout à coup Frédéric II transformer en un puissant état militaire cet obscur duché de Prusse, ancien fief de la Pologne. Aussi dénué de sens politique dans la conduite que de générosité dans l'inspiration, le gouvernement de Louis XV entama contre l'héroïque roi de Prusse une lutte non moins vaine que l'avait été le concours qu'il lui avait d'abord prêté. Ce gouvernement de sérail marcha durant vingt ans de contradiction en contradiction et de faiblesse en faiblesse. Enfin, l'esprit de nos pères parut s'être retiré de la France, lorsqu'on la vit supporter, sans rien faire pour le prévenir ou pour l'empêcher, ce premier partage de la Pologne, que trois spoliateurs, joignant l'ironie à la violence, prétendirent opérer en vertu du principe de l'équilibre européen.

Si l'histoire de nos relations extérieures était un jour écrite dans l'esprit où il conviendrait qu'elle le fût, un grave enseignement en ressortirait, ce me semble : on apprendrait que la France, malgré son tempérament tout militaire qui la met plus à l'aise dans la guerre que dans la paix, a presque toujours déployé sa force dans le légitime intérêt de sa propre sécurité ; on acquerrait ainsi la certitude que son histoire est la plus honnête parmi toutes celles des grands États européens.

La même disposition d'esprit se retrouve à l'ouverture de notre révolution, époque de nobles rêves trop vite dissipés, mais dont l'honneur reste tout entier à la génération qui les forma. Cette tendance équitable et pacifique persiste, malgré la gravité des événements, jusqu'à l'époque où le courant de la pensée publique est altéré et bientôt après corrompu par des passions fort étrangères aux inspirations premières de la France. Jamais la nation ne souhaita, par exemple, plus sincèrement la paix que de 1789 à 1791 ; jamais elle ne songea moins à étendre ses frontières qu'au moment où elle transformait ses institutions. Absorbée par l'œuvre de sa régénération politique, elle n'aspirait à conquérir l'Europe que par l'action des principes alors proclamés avec une si naïve confiance. Il fallut que de nombreux attentats à la liberté religieuse eussent mis le pays à deux doigts de la guerre civile ; il fallut surtout que la chute imminente du trône vint décupler les premières émigrations, d'abord très-peu nombreuses, pour qu'il arrêtât sa pensée sur la possibilité d'une guerre avec l'Allemagne. Les Girondins provoquèrent systématiquement cette rupture, afin d'affaiblir le parti constitutionnel, qui voulait résolûment la paix. Mais en poussant sans relâche à cette grande manœuvre de parti, ils songeaient bien plus à s'assurer des portefeuilles qu'à conquérir pour la France ces fameuses frontières naturelles dont personne ne parlait alors. Cette conquête, qu'une école toute farcie de pédantisme militaire voudrait représenter aujourd'hui comme l'exécution trop longtemps différée d'un vaste plan national et le couronnement de notre édifice historique, n'était, même à la veille de son accomplissement, ni prévue par les hommes politiques, ni souhaitée par la nation, dont les idées avaient alors un autre cours.

Jamais le peuple français ne s'était cru appelé à posséder ni Mayence, ni Cologne. Si la Savoie était considérée par nos pères comme un complément naturel du territoire national, aucune préoccupation semblable n'existait pour ces provinces si profondément allemandes, demeurées étrangères à notre histoire depuis la dissolution de l'empire de Charlemagne. En exceptant les places fortes des Flandres, dont la possession était considérée comme nécessaire à notre système défensif, on en peut dire à peu près autant des provinces wallones possédées par la maison d'Autriche, et qui, bien qu'on y parlât notre langue, n'appartenaient aucunement à la nationalité française. *Belgæ ab extremis finibus Galliæ oriuntur*, disait déjà César [1].

La question des frontières naturelles était fort loin d'avoir, au dernier siècle, le caractère qu'on

[1] De Bello gall., lib. I.

voudrait lui attribuer. En examinant une carte de géographie, le premier venu se disait bien que le Rhin formerait un fossé magnifique pour enceindre un grand royaume; mais une pareille inspection pouvait aussi conduire à donner le Portugal à l'Espagne afin d'assurer à celle-ci un accès plus facile vers l'Atlantique, ou les Dardanelles à la Russie, pour que les czars possédassent les clefs de leur maison. Sous l'ancienne monarchie, aucun homme d'État français n'a envisagé comme stratégiquement indispensable à la sûreté du territoire les Électorats de la rive gauche du Rhin, parties constitutives du saint Empire. Ni Richelieu, ni Mazarin, ni même Louis XIV, n'ont fait entrer une pareille conquête dans leurs plans arrêtés; ils n'ont même songé à celle des provinces belgiques que pour l'hypothèse d'un vaste remaniement de territoires, nécessité par la division des vastes domaines possédés par la monarchie espagnole.

Aussi sensés dans les questions diplomatiques qu'ils furent imprudents dans les questions constitutionnelles, les membres de l'Assemblée constituante auraient éprouvé, d'un autre côté, le plus grand étonnement si l'on avait développé devant eux la théorie des frontières naturelles, en l'appuyant des motifs sur lesquels on l'étaie de notre temps. Ce qui a constitué la popularité de cette question; ce qui semble avoir altéré sur ce point la rectitude du sens national, ce sont les circonstances dans lesquelles la France a perdu ces beaux territoires après une occupation de vingt années, consacrée depuis les traités de Lunéville et d'Amiens par l'assentiment de toute l'Europe. Lorsqu'en 1815 quatre grandes puissances s'adjugeaient, à Vienne, d'immenses accroissements, il n'était pas moins contraire à la politique qu'à l'équité d'arracher jusqu'au dernier lambeau de ses conquêtes au grand peuple dont la gloire remplissait encore le monde, et l'on commettait une imprudence véritable quand on poussait la vengeance contre un homme jusqu'à échancrer le territoire possédé par la France avant le partage de la Pologne, dont seule elle n'avait pas profité.

Le patriotisme, trop justement blessé, explique donc la popularité acquise sous la Restauration à la thèse des frontières naturelles. Mais, si plausible que soit un pareil motif, il ne rend cette thèse-là ni plus vraie ni plus politique. La France n'a nul besoin pour être forte et respectée dans le monde de posséder le cours de tel fleuve ou le versant de telle montagne, et la puissance de ses principes peut la laisser sans inquiétude sur la faiblesse d'une partie de ses frontières. Lors même qu'elle était régie par un gouvernement ne visant point à l'effet, cette force morale était reconnue par les cabinets auxquels il en coûtait le plus de l'avouer. Le jour où s'accomplissait, à Paris, la révolution si imprévue du 24 février, le comte de Nesselrode, en voyant s'établir à Turin et à Naples, sur le modèle de la Charte de 1830, le régime représentatif déjà fondé à Lisbonne, à Madrid et à Bruxelles, écrivait, dans une dépêche restée célèbre, que la France constitutionnelle touchait au moment de reprendre par la paix toute la prépondérance qu'elle avait en d'autre temps conquise par la guerre [1]. La tribune est une forteresse plus inexpugnable que Mayence; et certaines libertés qui nous manquent encore assureraient mieux notre situation en Europe que quelques rectifications de frontières.

Le moindre inconvénient de cette revendication de territoire, c'est d'être inutile. Les vues qu'on nous prête nous affaiblissent en face de l'Europe, j'ajouterai volontiers en face de nous-mêmes, car elles tendent à nous détourner de

[1] Dépêche du chancelier d'État au ministre de Russie à Londres, 24 février 1848.

perspectives plus naturelles. Le jour où la France et son gouvernement seront bien pénétrés de cette vérité-là; quand ils pourront défier, par la netteté d'un désaveu catégorique, la malveillance et la calomnie, notre puissance morale aura doublé, et l'horizon de l'Europe s'illuminera d'une clarté nouvelle. La revendication des provinces rhénanes n'aurait d'excuse légitime qu'autant que les conditions actuelles de l'équilibre général viendraient à être bouleversées par une de ces transformations radicales qui constituerait, pour notre propre sûreté, un danger visible à tous les regards. Pour justifier une politique aussi détestable que le serait une intervention dans les affaires intérieures de l'Allemagne dans un but de conquête territoriale, il ne faudrait pas seulement des prétextes qu'un gouvernement habile peut toujours se procurer; il faudrait des motifs péremptoires qui nous imposassent une pareille nécessité comme un devoir rigoureux envers la France. Bien loin de nous réserver les chances qui pourraient y conduire, notre premier intérêt est donc de les détourner. L'Allemagne ne croira à notre désintéressement que lorsque nous l'aurons persuadée de notre indifférence.

Elle est fort loin d'en être là, et l'attitude

gardée par la France durant le conflit danois n'a pas en effet semblé de nature à lui inspirer une bien complète sécurité. Nous avons eu, sans doute, la sagesse de ne pas intervenir dans cette odieuse guerre où la plus menacée des deux grandes monarchies germaniques a trouvé l'art de se montrer si faible devant la passion, et si violente devant la justice. Notre conduite a été diplomatiquement irréprochable. Mais si l'on en croit des journaux officieux qui parlent quelquefois un peu légèrement, la France aurait laissé comprendre à Londres que sa vertu ne serait pas à l'abri de toutes les tentations; elle ne se serait pas refusée à entreprendre, dans l'intérêt du Danemark, une campagne au delà du Rhin, s'il avait été préalablement admis qu'elle pourrait s'en faire payer les frais comme elle l'a fait en 1860, après sa campagne au delà des Alpes. Il est donc à croire que l'Allemagne se montre peu rassurée et peu reconnaissante, et qu'elle irait jusqu'à nous accuser, si elle ne s'était conduite de manière à n'avoir plus le droit d'accuser personne.

Quoi qu'il en soit, la France, qui a fort bien agi en laissant aux fureurs germaniques le champ qu'elles ont si tristement moissonné, n'a aucune sorte d'intérêt à se ménager une opportunité pour y entrer. On peut prédire, en effet, avec certitude qu'aucune des éventualités qu'amènera le traité du 30 octobre 1864, et qu'aucun des projets médités soit à Vienne soit à Berlin pour reconstituer la Confédération, ne seront de nature à affecter assez gravement nos intérêts pour nous autoriser à soulever cette question des provinces rhénanes, demeurée la pierre d'achoppement de notre politique.

L'Allemagne aurait beaucoup à faire aujourd'hui avant de se trouver en mesure d'inquiéter la France. Ni la victoire du Sleswig remportée à dix contre un, ni les protocoles de Francfort, ni les villégiatures princières, plus profitables à la santé des augustes visiteurs qu'à une alliance sérieuse, n'ont troublé le repos dont elle jouit derrière le rempart que lui fait l'armée de Solférino, frontière naturelle moins facile à franchir que celle du Rhin. La France n'ignore aucun des problèmes politiques qui s'agitent chez ses voisins ; elle sait qu'ils ont à traverser une crise intérieure dont elle est sortie pour son propre compte. Le papillon ne redoute pas la chrysalide. Avec une armée telle que la nôtre, avec un budget de deux milliards qui, quoique fort lourd à porter, permet à l'épargne d'ajouter chaque année un autre milliard à la richesse publique, le pays n'a pas besoin pour vivre tranquille de consulter les professeurs d'état-major. Une bonne frontière n'a pas rendu certains peuples plus forts ; une mauvaise n'a pas empêché d'autres nations de jouer un fort grand rôle dans l'histoire. L'Espagne, hermétiquement fermée par les Pyrénées, a exercé depuis deux siècles moins d'influence en Europe que la Prusse, qui n'a pas de frontières naturelles. Si la Pologne a péri, ce n'est point par défaut de positions stratégiques, mais par le fait de ses institutions. Ce n'est jamais, en effet, de vive force, c'est toujours sur l'appel ou des factions aristocratiques ou de la royauté conférée à des princes étrangers, que les Russes ont pénétré sur le territoire polonais durant les derniers règnes de la monarchie.

Faisons de ces théories stratégiques le cas qui convient, et ne masquons pas sous de feintes terreurs des ambitions dangereuses. Nous n'avons rien à craindre de l'Allemagne telle que les événements l'ont faite ; nous aurons encore moins à la redouter telle que les révolutions se préparent à la faire. Avant de nous croire obligés de revendiquer le cours du Rhin dans l'intérêt de notre sûreté, attendons que quarante millions d'Allemands aient établi à Berlin, du consentement de la Cour de Vienne, le siége d'un grand gouvernement ; attendons surtout que les quatre rois se soient transformés, par pur patriotisme, en princes médiatisés, que leurs quatre capitales aient consenti à descendre au rang de chefs-lieux de départements, que MM. de Bismark et de Schmerling soient d'accord, et que M. de Beust se soit entendu avec l'un et avec l'autre. Laissons les grands et les petits États vider les querelles dont l'acharnement ne semble pas révéler la formation d'une unité prochaine. Si l'Allemagne aspire à voir la mer avec l'ardeur que mettait Moïse à voir de loin la terre de Chanaan, ne prenons pas des précautions dispendieuses contre cette future puissance maritime avant le jour où le *Nationalverein* aura lancé dans la Baltique une flotte cuirassée construite par souscription. Jusque-là laissons le champ libre à cette étrange confédération, dont les contingents montent la garde les uns contre les autres, le fusil chargé et la baïonnette en avant. Gardons-nous surtout d'afficher des craintes que nous n'avons pas, afin de justifier celles que nous pourrions donner aux autres, et n'ayons pas l'air de redouter des périls pour en faire sortir des occasions.

La théorie des frontières naturelles s'est vue dépassée dans la faveur publique par la doctrine plus nouvelle des nationalités. Nous avons même vu l'étrange spectacle d'écrivains souhaitant la conquête de la Belgique et de l'Allemagne rhénane, et poussant néanmoins la France à épouser par toute l'Europe la cause des races et des nationalités. Arrêtons-nous un moment sur cette idée. Quelle en est la valeur véritable, quelle en serait la portée, si la France acceptait le patronage qu'on voudrait lui imposer?

Jusqu'à présent on s'accordait pour considérer comme un progrès dans l'histoire de l'humanité la fusion de races primitivement hostiles ou séparées, et l'on signalait comme une évolution heureuse la formation d'une grande unité nouvelle, chaque fois que dans cette unité venaient se confondre, sous la protection d'un droit égal pour tous, les oppositions originelles de sang, de génie et d'intérêt. Toute grande nationalité reflète en effet les traits distincts dont l'harmonique fusion a constitué sa physionomie. N'a-t-on pas constamment attribué à la France les qualités natives des Gaulois et des Francs associées dans une unité plus féconde; et tous les historiens ne sont-ils pas tombés d'accord pour expliquer les miracles de persévérance et d'audace accomplis par le peuple anglais dans les deux mondes, en remontant à la part qu'ont apportée dans les œuvres de cette puissante nation race anglo-saxonne et la race franco-normand Mais voici qu'on est en train de changer to cela. Ce qu'on a pris si longtemps pour un pr grès constituait, au dire de certains publiciste une décadence. Si les théories nouvelles qui o cours en Europe avaient un fondement solid il en faudrait conclure que la civilisation r consiste point à confondre dans une unité d'u ordre supérieur les éléments primordiaux do l'accord a fini par constituer de grands peuple mais qu'elle tend au contraire à séparer ces él ments l'un de l'autre, afin de rétablir chacu d'eux dans son indépendance et son isolemer primitifs.

C'est à l'ethnographie et non plus à la scienc politique qu'il faudrait demander aujourd'hı de patriotiques inspirations, si l'on s'en rappo tait à une école dont les théories nébuleuses no sont arrivés d'au delà du Rhin, comme la plupa des grandes aberrations contemporaines. Il n s'agit plus de rendre les nations puissantes et l bres ; il s'agit de les faire passer au creuset de l'a chéologie et de la linguistique, afin de repouss soigneusement de leur sein tous les élémen étrangers. Fonder la liberté sous le droit commu est un service sans valeur, si chaque race ne r rend le culte jaloux de ses traditions et l'usage e sa langue primitive, l'aurait-elle volontaireient abdiquée pour en parler une plus riche. ous vous félicitez de voir le vaste empire d'Au-iche aspirer à faire vivre en bon accord sous ne même loi constitutionnelle et sous la garantie 'un gouvernement représentatif les races alleiande, madgiare, tchèque, dalmate et croate enhevêtrées l'une dans l'autre, vous avez grand ort : le système du prince de Metternich valait iieux, car il donnait des chances à la révolution, n rendant impossible la fondation d'une unité ionarchique et libérale. La liberté de tous ne peut ianquer de nuire à la nationalité de chacun, et 'est de celle-ci seulement qu'il importe de tenir ompte. Il faut que les races diverses remontent tout prix, et n'importe par quelles voies, le couınt des âges, et qu'en empruntant à la liberté onstitutionnelle les armes qu'elle peut fournir, iacune d'elles lui résiste plus énergiquement icore qu'elle n'a résisté à l'absolutisme. Ce que s démocrates du XIXe siècle ont à souhaiter us ardemment que n'auraient pu le faire les ntemporains des Hohenstauffen, c'est que les ongrois, les Bohêmes et tous les autres n'o-éissent qu'à des hommes de leur propre sang, ioisis au scrutin par le suffrage universel : ceci est de rigueur. Pour avoir le droit de donner d bonnes lois à un peuple, il faut qu'un gouverne ment commence par se pourvoir d'une généa logie bien en règle, à peu près comme un ger tilhomme de race qui voudrait monter dans le carrosses.

L'école qui a si étrangement marié le pé dantisme à la démagogie, ne serait pas éloi gnée de trouver du bon dans l'ombrageuse po litique du peuple juif, passant au fil de l'épe quiconque prononçait d'une manière incorrec certains mots choisis pour éprouver la nationa lité d'origine. Aux yeux de ces jacobins d'uni versité, ce n'est pas François-Joseph d'Autriche le front ceint du bandeau des Césars et de la cou ronne de saint Étienne, qui pourra jamais êtr le représentant du progrès, lors même qu'il pré senterait à ses peuples, en gage d'union, la char la plus libérale de l'Europe : ce sera Louis Ko suth, affublé d'un costume du moyen âge, ma coiffé d'un bonnet rouge.

De l'autonomie des nationalités on a passé la solidarité fraternelle des races, troncs pr mordiaux dont les nationalités diverses sont l branches. C'est ainsi que la France s'est trouv dotée, sans l'avoir prévu ni demandé, du patr nage de la race latine dans les deux hémi phères, et son lot n'a été, ce me semble, ni le plus brillant ni le moins onéreux. Proclamés parents des Espagnols et des Mexicains, et par ceux-ci des Indiens avec lesquels ces Latins se sont beaucoup mésalliés, nous avons aussi, paraît-il, des liens de même nature avec les Roumains, ancienne colonie de Trajan, comme chacun sait. Pour ce qui concerne les Italiens, ce sont, sinon des frères, du moins des cousins germains. Nos soldats bretons, flamands, normands, bourguignons et alsaciens, qui avaient d'assez bonnes raisons pour l'ignorer, ont fait en 1859 au delà des Alpes une tournée de famille. Espérons qu'après avoir donné au nouveau royaume d'Italie une preuve fraternelle de désintéressement, en lui permettant de se constituer au détriment de notre puissance, et qu'après avoir consacré trois années et trois cents millions à dessécher au delà de l'Atlantique un marais pestilentiel, la France obtiendra bonne et valable quittance de toutes ses obligations envers la race latine.

La doctrine des nationalités semblait devoir logiquement entraîner la proclamation du droit d'intervention de la part des cabinets qui s'en étaient déclarés les soutiens; mais c'est précisément le contraire qui est arrivé. La France était intervenue en 1854 en Turquie contre la Russie, en 1859 en Italie contre l'Autriche, sans parler d Liban, où elle était intervenue contre les Druse: et de la Chine, où elle avait combattu contre le Taëpings. Elle aspirait, en 1863, à organiser e Pologne, contre la Russie, une intervention col lective pour demeurer jusqu'au bout conséquent avec le principe des nationalités. Mais, depui qu'elle s'est trouvée conduite à se désintéresse des événements de l'Allemagne et à promettre l'Italie l'évacuation de Rome, elle a proclam très-résolûment le principe de non-interventior C'est ainsi que la confusion dans les faits condu à la confusion dans les formules, et qu'à chaqu progrès du désordre général correspond une lo gomachie nouvelle.

Une idée fausse ne pénètre jamais dans l monde sans y faire dévier jusqu'aux meilleu esprits. C'est ce qui est arrivé pour celle des na tionalités. Il était très-naturel de réclamer le bé néfice de cette théorie pour les nombreuses po pulations chrétiennes de l'empire ottoman, qu voient des hordes de pillards, campées sur le tombeaux de leurs pères dévaster comme de nuées de sauterelles leurs champs fertiles. Mal heureusement, cette application du droit le plu légitime s'est opérée de manière à trompe les généreuses intentions par lesquelles elle fu d'abord inspirée. On attendait des miracles du principe des nationalités, et l'organisation du royaume hellénique, arrachée au mauvais vouloir des cabinets par la puissance de l'opinion, avait d'abord semblé pouvoir justifier toutes les espérances. La Grèce, remise en communion avec l'Europe, les Principautés du Danube, où avait retenti en 1820 le premier cri de l'indépendance, l'Égypte de Méhémet-Ali, dans laquelle on vit durant quelques années l'expression d'une grande nationalité arabe, apparurent comme les assises d'un système qui consistait à détacher successivement d'un corps en décomposition toutes les parties réputées vivantes. Ne s'arrêtant pas d'ailleurs à ces provinces lointaines rattachées au centre de l'empire ottoman par un lien presque nominal, on estima possible de substituer successivement, dans toute la Turquie d'Europe, au gouvernement des pachas le gouvernement direct des populations chrétiennes, s'administrant elles-mêmes après s'être délivrées. On ne désespéra pas de constituer dans ces provinces, où les populations, écrasées par l'esclavage, ont à peine les premières notions de la vie civilisée, des pouvoirs indigènes; et, dans cette pleine confiance en la force des nationalités, on frappa par avance d'anathème tous les projets de conquête. Le repoussement fort naturel qu'inspira le despotisme de la Russie, conduisit à élever cor tre les ambitions héréditaires des czars une bai rière absolue, et l'on alla jusqu'à déclarer la pro longation indéfinie de la domination turque pré férable à l'établissement d'une domination étran gère, celle-ci fût-elle concertée avec l'Europe e obtenue au prix de précieuses compensations La délivrance de ces races malheureuses parais sait alors tellement certaine qu'on s'en remetta pour les moyens à Dieu et aux événements.

Qu'on me permette de prendre contre ce sys tème des réserves, qui pour moi ne sont pas nou velles. Tenter de remplacer dans la Turqui d'Europe le bâton des khawas par le *self govern ment*, c'est témoigner une confiance singulièr dans les aptitudes politiques des klephtes de l'E pire et dans l'expérience administrative des pâ tres de la Roumélie. Sur l'immense territoire dé vasté depuis plus de quatre siècles par l'oppres sion, la peste et la famine, au sein de ces ville en ruine et de ces campagnes où la barbarie de hommes semble avoir triomphé de la fertilité d la nature, les races grecque, bulgare, arnaut slave, arménienne et juive, partout mêlées e confondues, n'ont qu'un sentiment commun, l haine et plus encore la terreur de leurs tyrans

Toutefois, on était pénétré d'une telle confiance dans la vitalité du principe, qu'on n'estima point impossible de constituer dans ces contrées des nationalités distinctes, à mesure que les populations accompliraient elles-mêmes l'œuvre réputée certaine de leur délivrance. On crut qu'elles pourraient se donner un gouvernement approprié à la modestie de leurs mœurs patriarcales, sans recourir à une tutelle soit moscovite, soit autrichienne; tutelle dont la seule pensée provoquait l'indignation la plus vive. Les plus modestes dans leurs espérances aspiraient à un conseil de Gérontes discutant les intérêts communs autour d'une claire fontaine, dans une simplicité homérique ; d'autres entrevoyaient peut-être une tribune sur les sommets de l'Hémus et du Pinde. On doutait alors si peu de l'avenir qu'on ne songeait guère à le préparer. L'Orient aux Orientaux, cette formule suffisait à tout, c'était le *fara da se* des rayas chrétiens, appelé à produire des bords du Danube à ceux de l'Adriatique ces prodiges de courage que l'Italie annonçait à l'univers avant l'intervention française.

Mais l'étoile de la Grèce ne tarda pas à pâlir, et notre foi de jeunesse eut à supporter dans ce pays de rudes épreuves. L'expérience y devenait de jour en jour moins satisfaisante, quoiqu'elle s'opérât, au sein du nouveau royaume hellénique, sur une population douée d'aptitudes plus heureuses que dans les autres provinces chrétiennes encore soumises au joug musulman. L'ombre de Cléon se montrait plus souvent dans Athènes que l'ombre d'Aristide. Les espérances étaient donc fort ébranlées, lorsque les dispositions du traité du 30 mars 1856, qui venait d'arracher la Valachie et la Moldavie au protectorat russe, fournirent à l'école autonomiste une occasion pour reprendre l'expérience plus en grand et dans des conditions singulièrement favorables.

Grâce aux efforts persévérants de la presse et de la diplomatie françaises, l'union des deux Principautés prévalut en 1858 contre les répugnances des grandes cours; et patronnée par la France, tutrice officielle de la race latine, la Roumanie fit son entrée sur la scène du monde.

Je suis encore moins prompt au découragement qu'à l'espoir; je désire donc, et de grand cœur, laisser ouvert jusqu'au bout le champ d'une loyale épreuve aux cinq millions de Latins découverts et protégés par nous sur le bas Danube. Je ne me refuse pas à penser du prince Couza, depuis son coup d'État, tout le mal qu'on m'en voudra dire, à la condition, toutefois, de ıe pas penser de ses sujets tout le bien qu'on n'en a dit si longtemps, car ceux-ci sont assurément pour quelque chose dans le succès de sa ıolitique, puisqu'il est bien convenu que les ıeuples ont toujours le gouvernement qu'ils nériteint. J'aime mieux voir ces belles provinces soumises à un gouvernement national qu'à une puissance étrangère; mais si le cours les événements les donnait plus tard soit à l'Autriche, soit à la Russie, ce qui ne me paraîtrait ın malheur ni pour elles ni pour l'Europe, je ne ıense pas que la liberté et la propriété des Rounains fussent traitées par l'un ou l'autre de es gouvernements avec le sans-façon qu'y a mis chef authochtone, auquel il ne reste chez nous e sa popularité évanouie que l'estime des Césaiens.

Si les faits accomplis permettent de douter de ı stabilité d'un gouvernement indigène même à ucharest, centre d'une assez grande culture inellectuelle, et capitale exclusivement chrétienne, t si le contrôle d'une conférence siégeant à Constantinople en est aujourd'hui la condition nécesaire, qu'arriverait-il donc à Roustchouk, à Saloique ou à Yanina, au milieu de populations astorales, mi-partie musulmanes et mi-partie hrétiennes?

Comment ne point voir que la seule combinaison sérieuse pour rendre à la civilisation tan de contrées désolées, c'est de lier la questio d'Orient aux autres questions pendantes en Europe, pour répartir ces beaux territoires, conformément à des règles de prévoyance et d'équité entre les grands États limitrophes et les puissances maritimes? Quel autre moyen pratique s présente-t-il pour protéger ces races diverse l'une contre l'autre, et pour relever les opprimé en leur interdisant de se montrer oppresseurs leur tour? L'avenir du monde est là, et l'honneur de le fixer appartiendra au cabinet qui oser le premier mesurer la grandeur des moyens à l grandeur des périls.

La théorie des nationalités et celle des frontières naturelles ont partagé la faveur de l'opinion depuis que le respect des traités s'est affaibl dans la conscience publique par la tolérance générale que leur infraction a rencontrée. L gouvernement impérial a professé, selon le temps, en matière de droit international, de idées assez peu concordantes. Dans la premièr phase de son établissement, de 1852 à 1854, o le voit défendre résolûment contre la Russie, occupant les Principautés et menaçant Constantinople, la doctrine de l'équilibre européen dan 'esprit, où le faisait la conférence de Londres, ors du traité du 15 juillet 1840 et de la signaure de la convention dite des Détroits. Un peu plus tard, il intervient en Grèce pour empêcher l'effervescence du patriotisme hellénique le menacer le territoire ottoman et d'ébranler le repos du monde; enfin, il continue d'occuper Rome, et il oppose fort justement à l'Angleterre, qui s'en émeut, le droit et le devoir pour la France de sauvegarder ses intérêts moraux et ses plus vieilles traditions historiques. En 1858 seulement, la doctrine des nationalités reçoit une première sanction officielle dans les négociations relatives aux Principautés du Danube. En 1859, elle devient le mot d'ordre de l'expédition d'Italie; en 1860, la France pousse tout à coup le respect de ce principe jusqu'à sacrifier à un vœu national des plus équivoques le programme même de l'Empereur, et un traité signé la veille par ses plénipotentiaires.

Mais en présence du grave préjudice que l'unité de l'Italie menace de porter à l'ensemble de la situation politique, et de la juste émotion du pays, le gouvernement impérial se ravise et prend contre le droit des nationalités une éclatante revanche en installant un préfet dans la ville natale de Garibaldi, et en imposant au Piémont la cession de la Savoie, au nom du principe d(frontières naturelles. En 1862 survient l'ir surrection polonaise, suscitée par les espéranc(allumées au delà des Alpes, et la France s'engag dans cette grande négociation en reprenant l drapeau répudié par ses deux alliés.

Pendant qu'on invoquait à Paris le droit d(nationalités, l'Autriche déclarait sa ferme inten tion de garder la Gallicie comme le royaume v(nitien, qui lui sont garantis par les traités; (l'Angleterre, se maintenant strictement sur l terrain des stipulations écrites, s'adressait à l Russie en vertu de ces actes de 1815 dont l France impériale dénonçait au monde la cadu cité.

Cet éclectisme doctrinal se retrouve encor dans les négociations relatives aux affaires d Danemark, quelque terrain qu'ait pu gagner d(puis quatre ans la théorie des nationalités. L France commence par signer le traité du 10 ma 1852, qui garantit l'intégrité de la monarchie da noise, et elle exprime fréquemment, dans l'intér(de l'équilibre européen, le vœu qu'il n'y soit pa dérogé. Mais lorsque les événements se déroulen et que les cours allemandes, menacées par l(mouvements démocratiques, ont fait de la ques tion des Duchés un exutoire pour les plus mau vaises passions, la France déclare qu'en vertu du principe des nationalités, il lui paraît convenable de laisser aux populations la solution définitive, et se retire de la question comme l'Angleterre s'était retirée l'année précédente de la question polonaise. Toutefois, elle fait comprendre qu'elle ne laissera pas le dernier mot même au suffrage universel, dans le cas où les cerveaux germaniques seraient traversés par des fantaisies périlleuses pour sa propre sécurité, et qu'elle ne poussera pas le dévouement au droit des nationalités jusqu'à s'en proclamer la victime. Derrière de pareilles réserves, dont le sens littéral peut être obscur, mais dont la portée est évidente, la rive gauche reparaît, et la question des frontières naturelles reprend dans les préoccupations publiques la prépondérance qu'elle semble appelée à y conserver, malgré les affirmations de plus en plus pacifiques imposées au pouvoir par l'autorité des intérêts.

Je suis loin de faire un crime au gouvernement d'hésitations que l'esprit du temps rend naturelles, car la plus folle des politiques serait celle qui prétendrait dogmatiser au milieu du scepticisme universel. Une seule loi a survécu au naufrage de toutes les autres, depuis que les peuples ont impunément déchiré les traités et que les rois se sont mis de la partie. Cette lc l'unique règle désormais pour tous les pouvoi honnêtes, consiste à n'user de la force que da l'intérêt démontré de sa propre sécurité. C'est cette courtc maxime que peut être ramené, aı jours troublés où nous sommes, le corps enti du droit public européen.

Mais si je loue l'Empire de n'avoir pas a plíqué une théorie exclusive dans un tem où les gouvernements ont cessé de croire aı principes sur lesquels ils reposent, je vo drais lui trouver dans les projets plus de co sistance que dans les maximes : or, je su loin d'entrevoir cette consistance-là dans l actes accomplis depuis plusieurs années; e quelque bon vouloir que j'y mette, je ne d couvre pas la pensée qui les lie. Il est plus faci en ce moment de dire ce que n'est pas la pol tique française que de déterminer ce qu'elle es On sait fort bien que l'Empire ne veut, à aucı prix, une guerre révolutionnaire, et que sa s gesse le détournera de toute entreprise pouva avoir pour issue de réunir l'Europe contre nou Mais, si du côté négatif de cette politique fo sensée, on passe aux applications de l'idée q l'inspire, les incertitudes sont grandes et les ob curités épaisses. Quel est le dernier terme de s vœux au delà des Alpes et au delà du Rhin? Sous quel aspect se présentent à ses yeux le conflit engagé entre les deux grandes cours allemandes et les rapports de la Prusse et de l'Autriche avec les petits gouvernements de la Confédération? Dans quelle mesure encourage-t-elle les projets téméraires toujours médités à Berlin, alors même qu'on ne les y accomplit pas; — et si ces projets s'accomplissaient un jour, de quel prix entendrait-elle les faire payer? Quelles vues ont pu se produire relativement à la Belgique dans certaines prévisions? Dans quel esprit est-on résolu à exécuter la convention du 15 septembre 1864? Ce sont là des questions qu'il est impossible de ne pas poser, puisque leur poids pèse pour plusieurs milliards sur tous les marchés du monde.

L'Empire est, en ce moment, et le moins menacé des gouvernements continentaux, et le pouvoir le plus énergique qui ait régi la France depuis un demi-siècle. Ses nombreuses armées sont aguerries, et leur foudroyante disponibilité les rend plus formidables encore. Il marche donc la tête haute en Europe, où il n'a plus à se défendre que contre la crainte qu'il inspire. Cependant, lorsqu'on met en face de sa puissance les résultats de son action diplomatique, les esprits les plus portés à l'optimisme ne peuvent s'empêcher de les considérer comme fort inférieurs aux forces dont il dispose , et aux sacrifices que l'organisation de ces forces nous a coûtés. Dans l'Italie unifiée, l'intérêt anglais a prévalu contre le nôtre ; en Pologne, nos conseils n'ont pu prévenir ni une insurrection inopportune, ni une répression atroce ; en Danemark, nous avons dû assister impassibles aux violences de l'Allemagne, comme nous avions supporté, l'année précédente, celles de la Russie.

Lorsque l'inutilité de tant d'efforts eut suggéré la pensée de substituer un arbitrage général à tant de négociations particulières demeurées vaines, le gouvernement français crut qu'en mettant à découvert toutes les plaies de l'Europe à la fois, chacun comprendrait mieux l'opportunité d'amputations nécessaires. Il proposa la formation d'un congrès universel , ouverture à laquelle l'Angleterre opposa le refus brutal dont le Danemark ne tarda pas à porter la peine. Séparés alors par des ressentiments profonds, les grands cabinets virent leur action aboutir à une impuissance commune, et toute la politique européenne vint se résumer dans des récriminations réciproques et dans une attente pleine d'anxiété. Appuyé sur la pensée du congrès comme sur un roc au pied duquel la tempête jettera bientôt tous les pouvoirs (ceci est ma foi comme la sienne), l'Empire semblait avoir pris la prudente résolution d'attendre le cours d'événements inévitables, lorsqu'il s'est trouvé conduit, par des faits qui échappent encore à l'appréciation du public, à inquiéter brusquement l'Autriche et l'univers catholique, en négociant avec l'Italie un acte dont l'interprétation contradictoire a laissé au même point la redoutable question qu'on déclarait vouloir résoudre. C'est ainsi qu'un grand gouvernement, dévoré du besoin d'user d'une force dont il n'a pu rencontrer l'emploi utile, s'est trouvé amené, par la longue stérilité de ses efforts, à une péripétie soudaine. Toutes les questions s'effacent en effet aujourd'hui devant celles qu'a posées la convention de Turin. Il s'agit de décider si cette convention sera interprétée jusqu'au bout dans son sens honnête et français, ou si, l'impudence de la faiblesse triomphant une fois de plus de la longanimité de la force, nous affronterons pour le compte de l'Italie des périls que nous avons toujours déclinés pour le nôtre.

CHAPITRE VII

LES QUESTIONS OCCIDENTALES ET LA QUESTION D'ORIENT

Depuis le traité de Turin, l'alliance anglaise ne conservait qu'une existence nominale, et cette situation, masquée à Londres comme à Paris par un intérêt commun, rendait plus impérieux le devoir de suppléer à l'entente disparue par les apparences du bon accord. Mais en vain la France signait-elle, conjointement avec l'Angleterre, un traité dans les murs de Pékin [1] ; en vain rappelait-elle, l'année suivante, le petit corps d'armée qui protégeait dans le Liban les populations chrétiennes toujours menacées, et donnait-elle au cabinet britannique, en Syrie, une éclatante victoire morale. Ni cette déférence qui avait beaucoup coûté au sentiment national, ni

[1] 16 octobre 1860.

les concessions commerciales contre lesquelles s'étaient élevés des intérêts si puissants, ni la politique que notre gouvernement laissait s'accomplir en Italie, sous un autre patronage que le sien, n'avaient amorti les inquiétudes provoquées par la réunion de la Savoie.

Une autre cause expliquait d'ailleurs les armements ruineux toujours votés sans hésitation par le Parlement britannique, quoique le cabinet ne pût pas en révéler le motif véritable. Revenant aux tendances de son avénement, le second Empire, depuis le traité de Paris, inclinait visiblement vers l'alliance russe, selon la loi de tous les pouvoirs qui aspirent à modifier l'état territorial de l'Europe. La Russie, de son côté, inclinait vers la France, qu'elle avait seule félicitée de son acquisition récente. Humilié par la perte de son protectorat en Orient, le cabinet de Saint-Pétersbourg n'attendait que du cabinet des Tuileries le concours indispensable pour reprendre pied à pied le terrain qu'il avait perdu. Ces deux cours n'avaient aucun besoin de se parler pour se comprendre, et, de son côté, l'Angleterre, sans épier leurs confidences, pouvait facilement les pénétrer.

Les vues élevées d'Alexandre II rendaient plus spécieuses les préoccupations générales suscitées par un tel rapprochement. Ce prince venait d'élever vingt-trois millions d'hommes du servage à la liberté : les idées occidentales, comme un fleuve longtemps contenu, débordaient sur son vaste empire, dont elles auraient changé la face, si les événements de la Pologne n'étaient venus placer le patriotisme russe en travers d'un mouvement auquel il s'abandonnait avec un irrésistible entraînement. La première pensée du jeune monarque avait été d'appliquer à la Pologne une politique réparatrice, dans la double espérance de rattacher enfin à la Russie ce grand rameau du même tronc, et de s'assurer le concours moral de la France, dont la faveur, en tout temps si précieuse, lui était alors si nécessaire. Il décréta et appliqua donc partiellement, de 1860 à 1862, un ensemble de réformes municipales dont le but était de préparer pour le royaume de Pologne une sorte d'autonomie administrative.

Tel était le terme extrême de concessions subordonnées d'ailleurs à la manière dont elles seraient accueillies et pratiquées. C'était beaucoup pour l'autocrate de toutes les Russies; mais c'était peu pour le prince qui, par déférence pour le cabinet français, venait, en envoyant un ministre à Turin, de sanctionner en Italie la doctrine des nationalités, et qui allait lui sacrifier jusqu'à la royauté napolitaine, la plus fidèle alliée de sa couronne. C'était moins encore pour le souverain qui se trouvait tout à coup, et sans l'avoir soupçonné, en face d'un peuple résolu à mourir ou à reconquérir, en vertu du même principe, sa place sous le ciel.

Lorsqu'on met en regard les points de vue opposés où se plaçaient, dans ces douloureuses conjonctures, le gouvernement de Saint-Pétersbourg et la population de Varsovie, on s'explique trop bien l'inutilité des mesures décrétées par Alexandre II, tout inspirées qu'elles étaient par une pensée généreuse. L'empereur offrait à la Pologne des concessions que les Russes auraient acceptées avec reconnaissance, mais que les Polonais repoussèrent, pour ne pas renier des espérances dont les événements accomplis au delà des Alpes leur faisaient croire le succès prochain. On leur proposait un régime plus régulier, alors qu'ils rêvaient la patrie grande et une comme l'avaient obtenue les Italiens, moins résolus qu'ils ne l'étaient eux-mêmes à l'acheter au prix de leur sang. Ils la demandaient à Dieu et aux hommes, en chantant des hymnes et des cantiques, en portant pour honorer leurs morts immortels ces couleurs de deuil, insignes interdits d'une rébellion dans laquelle étaient entrées toutes les âmes. Ce fut au milieu de cette guerre où tout un peuple, dressé au silence par la tyrannie, recevait la mort sans la donner, que, dans la nuit du 14 janvier 1863, la mesure du recrutement vint transformer enfin l'insurrection morale commencée depuis une année en une insurrection militaire.

Quelle qu'ait été l'heureuse fortune du second Empire, il a eu ses jours d'anxiété. Je ne crois pas me tromper en inscrivant parmi ceux-ci la journée terrible qui fit passer le mouvement polonais de sa phase dramatique à sa phase militante. Une pareille lutte, dirigée par des mains invisibles, obligeait en effet le gouvernement français à passer avec la Russie d'une attitude amicale à une attitude comminatoire; elle rendait stérile son intervention en faveur de la Pologne, puisqu'en présence d'une insurrection saluée chez nous par les sympathies les plus ardentes, toutes les concessions nouvelles devenaient impossibles, et que, sous la pression du sentiment public, la France allait être conduite à transformer en exigences des demandes qui, présentées sous cette forme, ne pouvaient manquer d'être péremptoirement rejetées.

La lutte poursuivie en Pologne, sans aucune espérance de succès, en dehors d'une intervention française, annulait tout le travail diplomatique commencé depuis deux ans. Avec ce travail s'évanouissaient les lointaines perspectives qui venaient d'elles-mêmes s'y rattacher ; et l'insurrection, rapprochant les trois cours copartageantes, jusqu'alors profondément divisées, plaçait l'Europe entre le maintien rigoureux des traités et l'imminence d'une guerre générale. L'Empire pouvait donc entrevoir dans un prochain avenir, même en dehors des périls d'une coalition, ces embarras et ces froissements qui ont été assez graves pour le conduire jusqu'à la signature très-imprévue de la convention du 15 septembre 1864. La question polonaise, si malheureusement engagée, ne laissait à la France, en compensation de la première alliance du continent, que le vain espoir d'une entente avec l'Autriche, intervenant dans les affaires de Pologne, à titre de surveillante plutôt qu'à titre d'alliée ; elle ne lui montrait en perspective qu'un concert impossible à établir avec l'Angleterre, puisque les efforts de celle-ci contre le gouvernement russe ne s'élèveraient jamais au niveau des inquiétudes suscitées par notre concours, si nos armes nous rouvraient les portes de l'Allemagne.

L'empereur Napoléon III n'hésita pas cependant à s'engager dans les voies tracées par le vœu national ; et, s'il s'arrêta après une longue négociation, ce fut pour échapper à une guerre qui lui préparait, par une conséquence nécessaire, le double péril de l'isolement et d'une alliance avec la révolution cosmopolite. C'était trop pour son gouvernement, fort résolu à n'affronter jamais ni l'une ni l'autre de ces périlleuses extrémités. Cependant, sans partager des illusions trop générales en France sur l'issue de la lutte impossible engagée entre quelques bandes et une grande armée, sans espérer beaucoup davantage d'une intervention dont la sagacité de son gouvernement avait mesuré toutes les difficultés, il fit durant six mois les efforts les mieux conduits pour résoudre par un concert le problème dont l'exaltation la plus aveugle allait à peine jusqu'à lui demander d'entreprendre seul la solution.

La force des choses condamna ces efforts à une stérilité qui n'ôtera rien à leur caractère honorable. Les cours de Vienne, de Paris et de Londres n'étaient d'accord, en effet, ni sur le droit en vertu duquel elles prétendaient intervenir, ni sur les limites d'une action qui, pour deux d'entr'elles, ne pouvait, dans aucun cas, être suivie de mesures coërcitives.

Comme pour assurer d'une manière plus éclatante la nullité de résultats sur laquelle elles semblaient avoir d'avance pris leur parti, ces cours sollicitaient à Saint-Pétersbourg des conditions qui, même agréées par la Russie, auraient été certainement repoussées par l'insurrection. Prévenir une guerre générale provoquée par la question polonaise était la seule pensée comme le seul intérêt de l'Autriche. L'Angleterre ne demandait à la Russie que l'exécution littérale des traités de Vienne, et limitait avec le plus grand soin ses réclamations aux quatre millions d'hommes compris dans la circonscription de la Pologne royale, quoique le principal effort des insurgés portât alors sur la Lithuanie et sur les anciennes provinces. C'était sur cette base très-étroite que lord Russel avait élevé tout l'échafaudage de sa flegmatique argumentation. L'acte du 9 juin 1815 stipulait que « les Polonais, sujets respectifs des trois « cours, auraient une représentation et des ins- « titutions nationales. » Le ministre de la reine Victoria ne sortait pas de là ; mais le prince Gortschakoff ne manquait pas, à son tour, de compléter la citation, et rappelait que « ces « institutions seraient réglées par chacun des « gouvernements, selon le mode d'existence po- « litique qu'il jugerait convenable de leur ac- « corder. » Le chancelier d'État demeurait à cheval sur le second paragraphe, comme lord Russell sur le premier, celui-ci fort résolu à ne répandre que des flots d'encre, celui-là fort rassuré par la déclaration préalable d'aussi pacifiques intentions.

Avec la France, le débat prenait un autre caractère. En recommandant à Saint-Pétersbourg l'adoption des *six points*, sur le texte desquels les trois cours étaient enfin parvenues à s'accorder, grâce à une rédaction des plus habiles [1], le gouvernement français n'invoquait point les traités de 1815, quoiqu'il n'eût pas encore jugé à propos d'en notifier solennellement le décès à l'Europe. Il s'adressait à l'humanité de l'empereur; il parlait à l'intérêt bien compris de la Russie, qui ne pouvait vouloir s'isoler du monde civilisé où elle tenait une si grande place. Appuyées sur des considérations morales étrangères aux stipulations écrites, les observations du cabinet de Paris pouvaient s'appliquer tout aussi bien aux habitants des anciennes provinces polonaises qu'à ceux du royaume proprement dit. A ces documents d'une rédaction très-mesurée et toujours bienveillante, jusque dans l'expression des plus vives dissidences, la Russie répondait à son tour que chaque gouvernement reste

[1] 17 juin 1863.

juge de ses intérêts politiques comme de son honneur ; et, rappelant les concessions récentes qui avaient si tristement avorté, elle constatait la double impossibilité de les compléter en présence d'une insurrection, et de les faire accepter par des hommes assez aveugles pour rêver le rétablissement de l'ancienne Pologne, depuis la mer Baltique jusqu'à la mer Noire.

Il n'y avait rien à répondre à tout cela, dans les termes où la France était contrainte de resserrer ce grand débat, afin de ne pas sortir du texte des six points signés par ses deux alliés. Une négociation inspirée par des pensées aussi disparates ne pouvait manifestement aboutir. L'Angleterre s'était d'ailleurs désarmée d'avance, en faisant savoir à l'Europe qu'elle ne recourrait point à la guerre, dans l'éventualité d'un refus qu'un pareil acte de sincérité rendait certain. La Russie pouvait donc, sans courir aucun risque, infliger aux trois plus grandes puissances de l'Europe un affront qui ne s'élevait pas même jusqu'à la hauteur d'une témérité.

Vers la fin de 1863, la France se trouva placée dans l'alternative ou de subir en silence la réponse négative du prince Gortschakoff, ou de passer, comme elle l'avait fait au Mexique, de l'action collective à l'action isolée. Mais la leçon avait profité, et la marche improvisée sur Mexico avait rencontré de tels obstacles qu'on avait peu de goût pour tenter sans alliés une marche sur Varsovie. Après la retraite diplomatique de l'Autriche et de l'Angleterre, un acte comminatoire émané de la France aurait suffi pour ouvrir l'abîme de cette guerre révolutionnaire, dont la sagesse de ses divers gouvernements l'a si heureusement détournée depuis un demi-siècle. Dieu, qui la protége contre elle-même aussi bien que contre ses ennemis, permit que le péril apparût avec assez d'évidence pour que la raison publique pût triompher des émotions les plus légitimes. Ainsi fut ajournée une fois de plus l'heure des réparations.

La Pologne dut donc se couvrir encore du sanglant suaire qu'elle rejette à chaque crise européenne, au grand étonnement des diplomates qui ont signé si souvent son arrêt de mort. Les plus grands patriotes eux-mêmes ont quelquefois partagé sur ce point là les illusions des hommes d'État. Mais le cri de désespoir que Kosciuzko jetait vers le ciel aux champs de Maciewitz retentit quarante ans plus tard dans ceux d'Ostrolenska; alors l'empereur Nicolas crut à son tour qu'il en avait fini avec ce peuple obstiné à vivre; mais, après trente années d'une oppression tranquille et sûre d'elle-même, lorsque l'Europe l'avait comme oubliée, la victime sortit de son tombeau, durant une nuit d'horreur, dans le silence menaçant des spectres. Cette apparition s'est évanouie une fois de plus. Aujourd'hui, la Russie entretient dans la Pologne reconquise des bourreaux et des spoliateurs d'une habileté consommée; un grand gouvernement monarchique a dépassé la Convention dans ses actes les plus sauvages, et l'on a vu un peuple naturellement bon amené, par un détestable point d'honneur, à mettre à la chaîne un autre peuple, son frère par le sang, pour l'envoyer mourir en Sibérie : scandale immense, mais inutile! Au XVIIe siècle, l'Angleterre a fait tout cela en Irlande, et l'Irlande est demeurée pour elle, au XIXe siècle, sa plus grande difficulté, après avoir été son plus grand péril! Que la Russie ne compte point sur le temps pour consommer son crime : avant de parvenir à égorger une nation, il en faudrait beaucoup, et ce temps lui manquera. Les événements vont se précipiter dans le monde, et ceux-ci ne tarderont pas à la ramener à une appréciation plus exacte de ses véritables intérêts. Sous leur impulsion souveraine, il arrivera un jour où le rétablissement de la Pologne, qui est l'espérance des âmes pieuses, deviendra, même à la Bourse, le thème des combinaisons les plus froidement positives, pour demeurer la plus glorieuse page de l'histoire, si quelqu'un sait enfin l'écrire.

Lorsque l'Europe touchera au terme de cette réorganisation, qui est le pressentiment et la terreur de tous, on ne reprendra plus ces discussions oiseuses sur des textes contradictoires, et l'on rentrera dans la vérité des idées comme dans celle des choses. Le sens politique ira droit aux intérêts permanents, car l'intérêt vrai d'un grand peuple est toujours, au fond, conforme à l'ordre et à la justice.

La Russie comprendra que Catherine II, d'un génie plus théâtral que solide, a gravement compromis l'avenir de sa nation, en prétendant lui imposer l'accomplissement simultané de deux tâches dont l'une ne pouvait manquer de faire avorter l'autre. Il était insensé de machiner avec Frédéric II le démembrement de la Pologne, et d'envoyer au même moment dans les mers de la Grèce une flotte pour renverser l'empire ottoman. Quoique Voltaire en attribuât déjà l'héritage à son auguste correspondante, quoique Catherine trouvât dans les philosophes de son temps un dévouement à peine dépassé par celui dont ils font preuve aujourd'hui pour Victor-Emmanuel, la Providence empêcha l'accomplissement de la double entreprise, dont le succès aurait porté un coup mortel à la liberté du monde.

Malheureusement, l'impératrice échoua dans la partie de son plan la plus compatible avec les intérêts vrais de l'Europe et avec ceux de son propre empire, et réussit dans celle qui a provoqué, depuis près d'un siècle, tant de complications et de périls pour les trois cours copartageantes. En 1772, la Turquie ne succomba point sous les attaques mal combinées d'Orloff, tandis que la Pologne périt sous les intrigues trop habiles de Repnine. Le succès d'un monstrueux guet-apens diplomatique, coïncidant avec le désastre inattendu de la Russie dans la Morée, exerça sur l'opinion publique une influence qui l'a faussée. De là ce double axiome, fort en faveur dans le monde, que la Pologne n'était pas constituée pour vivre, mais que l'existence de la Turquie est, au contraire, la base fondamentale de l'équilibre européen. Avec cette fatuité que donne à ses adeptes la religion des faits accomplis, on vit les esprits forts prendre vite leur parti de l'assassinat d'un peuple chrétien, et qualifier d'insensée toute tentative ayant pour but de seconder sa renaissance. Les uns déclarèrent le rétablissement de la Pologne impossible, parce que ses populations étaient demeurées catholiques romaines au

›ntre de l'Europe gréco-slave, les autres, parce ı'elles manquaient de frontières naturelles; enn, les conservateurs imaginèrent plus tard de ıire aux Polonais un crime irrémissible d'espérer es révolutions la justice qu'ils avaient vainement attendue des pouvoirs réguliers.

Quoi qu'il en soit et quoi qu'on ait pu dire, ınt que la barbarie n'aura pas supprimé dans ı conscience humaine toute distinction entre la ›rce et le droit, la cause du peuple martyr deneurera vivante et sacrée. Un jour viendra où, levant des perspectives plus honnêtes, la Russie, clairée par des conseils qui, sans rien ôter à sa lignité, parleront à ses véritables intérêts, renrera dans la voie naturelle dont une ambition ans mesure l'a si malheureusement détournée à a fin du dernier siècle. Bien des voiles tomberont à la fois, et l'Europe, qui aura vainement ›puisé contre le droit toutes les ressources de 'habileté dilatoire, finira par comprendre, de ›on côté, que le génie politique n'est, au fond, que le bon sens mis au service de la justice. Ce jour, qu'il appartiendrait surtout à la France l'avancer par la clairvoyance de ses vues et par la fermeté de ses desseins, verra la Pologne renaître en vertu de son titre immortel, la Turquie tomber sous son irrémédiable décrépitude, et la Russie, dégagée d'un remords et pleine de foi dans son avenir, reprendre avec orgueil la tradition de ses pères et la route de Byzance.

Ouvrir devant un peuple le champ de son expansion naturelle est la seule marche sûre pour modérer son ambition et pour imposer à celle-ci de justes limites. La Russie s'avance, depuis deux siècles, vers le soleil et vers la mer par une impulsion irrésistible, car l'Europe occidentale ne peut que la suspendre. Mieux vaudrait certainement lui faire payer le juste prix de sa conquête que d'ajourner indéfiniment celle-ci par une garde vigilante et ruineuse. Si l'Europe permet à la Russie de monter jamais au sommet des Balkans; si cette grande puissance est admise à relever de leur abaissement les races malheureuses auxquelles l'unissent des croyancss communes, les cabinets s'entendront pour restreindre nécessairement du même coup, dans les proportions les plus étroites, l'œuvre artificielle entreprise au nord de l'Allemagne par Pierre le Grand, Élisabeth et Catherine : œuvre nécessaire peut-être au dix-huitième siècle, mais inutile désormais pour assurer le caractère européen de ce vaste empire. Alors, la Pologne reprendra comme de plein droit les provinces où l'élément national n'a pas été absorbé par l'élément étranger, et l'ouverture de la succession ottomane deviendra le signal et le moyen de cette reconstitution dont la génération à venir profitera seule, mais que la génération présente proclame déjà inévitable. La Grèce, pour laquelle les plus ardents philhellènes ont renoncé, je pense, à réclamer l'empire de Constantin, recevrait dans quelques territoires limitrophes, et surtout dans les îles, le complément naturel de sa puissance maritime : arrangement sensé qui correspondrait à la seule aptitude sérieuse que ce pays ait révélée depuis trente ans. Répudiant alors en Italie des possessions non moins onéreuses et non moins précaires que les provinces polonaises le sont pour la Russie, l'Autriche acquerrait ces vastes provinces slaves, incapables d'enfanter elles-mêmes un libérateur, mais auxquelles il suffirait d'un gouvernement régulier pour prendre rang parmi les plus florissantes de l'univers. La seule solution possible de la question d'Orient est un juste équilibre territorial, établi dans ces contrées entre l'Autriche et la Russie, pour prix des concessions exigées en Italie, en Allemagne et en Pologne. Quand cela sera fait, le dix-neuvième siècle pourra construire son monument ; jusque-là, il gâche du mortier.

Je laisse à d'autres la fabrication des cartes

géographiques, et j'esquisse sans préciser. Toutefois, une observation m'est commandée. A ceux qui pourraient s'étonner de voir introduire la fantaisie dans la politique, je dirai qu'au point où en sont les choses, le terrain des réalités ne manque pas moins sous les pieds de l'homme à protocoles que sous ceux de l'homme à projets, et que l'œuvre la plus difficile entre toutes serait de raffermir aujourd'hui l'Europe sur les étais vermoulus qui la supportent. Le maintien des stipulations de 1815 n'est possible ni devant le second Empire qui les déclare abolies, ni devant la révolution qui les menace, ni devant les pouvoirs affaiblis qui les attaquent, afin de retrouver ainsi quelque force contre les passions populaires. Conseiller à un gouvernement aussi libre que l'est le gouvernement impérial de faire pivoter sa politique sur la question d'Orient, c'est à peine devancer les temps; l'amener des bords du Rhin vers ceux du Bosphore, serait lui préparer un théâtre plus vaste et moins dangereux. Dans le désordre au sein duquel s'agite le monde, une initiative réfléchie sans être empressée est la première condition du succès, et l'empereur Napoléon a dans le caractère comme dans la puissance ce qu'il faudrait pour l'exercer. Il est des jours où les plus résolus sont les plus prudents, et « ce que les moyens extrêmes ont alors de rassurant, c'est que, n'étant pas médiocres, ils sont décisifs lorsqu'ils sont bons [1]. »

Si désireux que je sois d'éviter les détails qu'on n'aborde jamais en pareille matière sans approcher un peu du ridicule, la perspective du partage de l'empire ottoman provoque deux objections trop habituelles pour que je ne sois pas obligé d'en dire quelque chose. L'une est tirée d'un intérêt européen, l'autre d'un intérêt français.

Tous mes lecteurs ont déjà nommé Constantinople, et se sont demandé à quelle puissance serait remise, dans l'accomplissement d'une pareille hypothèse, cette formidable position maritime. A cette difficulté, il est une première réponse qui pourrait dispenser d'en faire une autre : c'est que l'attribution de cette ville à un grand État européen ne serait point, dans le cas d'une division territoriale concertée entre les grandes cours, une nécessité absolue, l'Europe ayant pour l'écarter diverses combinaisons également plausibles. La constitution d'une ville libre avec un port franc, et la proclamation de la neutralité perpétuelle des Détroits, pourraient ré-

[1] Le cardinal de Retz, *Mémoires*. t. I, p. 205.

pondre aux craintes les plus générales. Mais j'aborde le fond des choses, et je n'hésite pas à déclarer qu'à mon avis cette capitale, dût-elle passer à un grand gouvernement européen, ce gouvernement fût-il celui de la Russie ou de l'Autriche, la liberté de l'Europe n'y courrait aucun des risques qu'il est d'usage de signaler. Une forte situation stratégique et maritime peut servir beaucoup sans doute au point de vue défensif; mais, d'une part, ce sont les grandes finances qui font seules aujourd'hui les grandes marines; de l'autre, la vapeur et l'application des nouveaux procédés scientifiques à la tactique navale, ont encore plus réduit l'importance militaire de Constantinople, que son importance commerciale ne sera bientôt modifiée par l'ouverture du canal de Suez. Que vaudraient les châteaux des Dardanelles contre une flotte cuirassée? Et que sera dans vingt ans le marché de Constantinople auprès de celui de l'Égypte? Bien des choses ont été vraies au commencement de ce siècle qui auront cessé de l'être lorsqu'il tirera vers sa fin. Si l'Europe, en ouvrant à son commerce et à son industrie le magnifique territoire qui lui reste fermé, échangeait jamais Constantinople pour Varsovie ou même pour Venise, elle donnerait certainement bien plus de gages à son repos qu'elle ne ferait courir de risques à sa liberté.

L'accomplissement de cette œuvre réparatrice ne servirait pas moins nos intérêts que nos sympathies. Sans tenir compte de l'immense profit financier qu'assurerait un désarmement rendu possible par une constitution plus naturelle de l'Europe, nous aurions à prendre à cette grande transformation des peuples une part directe, et les accroissements territoriaux que pourrait s'assurer très-justement la France ne seraient pas inférieurs à ceux qui en reviendraient aux puissances limitrophes plus directement engagées. Il est en effet de toute impossibilité de renverser dans la Turquie d'Europe la domination musulmane, sans régler en même temps le sort des provinces asiatiques, et sans occuper militairement les points principaux du littoral. Agir autrement, ce serait placer sous le couteau deux millions de chrétiens et plonger dans une anarchie sanglante l'Asie-Mineure, l'Égypte, les îles et surtout la Syrie. Il n'importe pas moins à la providentielle unité qui se prépare des mers de l'Europe à celle du Japon, de constituer des pouvoirs réguliers sur le rivage asiatique de la Méditerranée que sur son littoral européen. Tous les intérêts commerciaux le réclament, et les intérêts de l'humanité l'exigent.

Depuis, l'Espagne, dont l'œuvre est commencée dans le Maroc, où elle rencontre devant elle les instinctives appréhensions de l'Angleterre, jusqu'à l'Italie, que nous avons vue surveiller avec émotion les troubles récents de Tunis, tous les peuples chrétiens appelés à ce grand rendez-vous viendront associer au génie contemporain ce qui survit encore du génie des croisades. Alexandrie, Beyrouth, Smyrne, trois têtes de pont jetées vers ce monde oriental dont la transformation commence ! Maîtresse des Indes, où sa domination, si dure quelle soit, est certainement fort utile aux populations indigènes, l'Angleterre ne céderait à personne, si la force des choses la conduisait à la pensée d'un partage, la contrée dont la possession par une autre puissance maritime couperait par son centre la route de Calcutta. Dans ces grandes transformations de l'avenir, l'Égypte lui appartenait pour tout esprit prévoyant, même avant l'hypothèque prématurée donnée par l'Empereur Nicolas à sir H. Seymour. Dans l'intérêt de la paix du monde, la France saurait s'y résigner, si chers que lui soient ces beaux rivages. Ce sera son honneur de pénétrer d'un esprit de conciliation et d'équité les transactions décisives d'où sortira le salut

les peuples. Si l'Italie devient grande puissance maritime et militaire, il sera naturel qu'elle prenne et qu'elle conserve dans ces mers et sur es côtes la place que lui prépare la prépondérance des intérêts italiens. La France commettrait-elle la faute de la lui disputer que le nouveau royaume trouverait des alliés fort empressés de la lui garantir.

Les liens indissolubles de la confiance et du patronage historique indiquent à notre pays sa place et sa mission dans cette transformation générale du monde. De Chypre à Jérusalem, de Beyrouth à Damas, du mont Liban au mont Sinaï, sur cette terre sillonnée par les miracles, où les os de ses pères attendent l'heure du jugement, c'est à la France qu'il appartient de gouverner ces populations ennemies-nées l'une de l'autre, et qui n'ont qu'un sentiment commun, le respect et la crainte de sa puissance. Elle seule pourrait fonder dans ces belles contrées, soit sous son administration directe, soit sous sa suzeraineté, un grand État qui viendrait s'appuyer à la rive syrienne du canal de Suez comme à sa frontière inviolable, route merveilleuse ouverte entre les deux mondes, pour que l'œuvre de Dieu s'accomplisse !

L'établissement de la domination française en

Syrie ne serait pas l'œuvre d'un jour ; mais si ardue qu'elle pût être, la France ne refuserait pas cette glorieuse tutelle. La Providence se complaît à la charger d'œuvres difficiles, et la nation s'y obstine dans la mesure même des obstacles qui s'y rencontrent. De quel flot d'arguments n'a point été battu cet établissement africain qui a donné au pays son incomparable armée ! Combien de fois n'auraient pas été refusés les crédits législatifs réclamés pour lui, s'ils n'avaient été votés sous la pression irrésistible du sentiment national ! C'est dans des conditions semblables que se maintiendra et que grandira, malgré de regrettables hésitations, notre établissement de la Cochinchine et du Cambodge. Cette belle colonie s'imposera au gouvernement impérial comme l'Algérie s'est imposée au gouvernement du roi Louis-Philippe. De toutes les entreprises lointaines auxquelles les événements, plus que des projets préconçus, ont successivement conduit l'Empire, par ce hasard qui est *l'incognito de la Providence*, la colonisation de la Cochine est en effet la plus féconde. Elle nous prépare, dans une vaste péninsule, entre l'Inde et la Chine, au confluent des principaux cours d'eau de la haute Asie, au sein de populations intelligentes, auxquelles notre domination ne répugne point, une situation magnifique dans la paix, facilement inexpugnable dans la guerre. Le doigt de Dieu est là.

Il faut que nos économistes en prennent leur parti : plusieurs chapitres de notre budget auront toujours un emploi moins immédiatement profitable que celui de macadamiser les routes ou de subventionner les compagnies. Tant que la France vivra de la vie que lui ont communiquée ses pères, elle conservera une grande marine et une grande armée ; elle voudra s'assurer la prompte disponibilité de ses forces, non pour menacer l'Europe, mais pour accomplir ces œuvres lointaines où se retrempe le génie des peuples, et qui, dans nos jours de scepticisme et de mollesse, demeurent la seule école pratique du dévouement et de l'honneur. Qu'aurait été la monarchie de 1830 sans la conquête de l'Algérie, que serait le gouvernement actuel sans sa puissance militaire si formidable au dehors?

L'Empire comprend cette disposition du tempérament national ; peut-être pourrait-on dire qu'il la comprend trop. L'instinct qui l'a poussé en Syrie et dans l'extrême Orient où l'appelaient des devoirs séculaires et de grands intérêts d'avenir, l'a conduit au Mexique, placé en dehors de la sphère de notre action naturelle, et où la France ne recevra probablement jamais, de l'ombrageux génie espagnol, le prix de ses dispendieux sacrifices. Tout a été dit sur cette expédition manifestement condamnée par la politique, mais amnistiée par le succès, et que la Providence a fait profiter à la paix du monde, en nous imposant le strict devoir, lors de l'insurrection polonaise, de nous défendre contre nos plus légitimes entraînements. Quoi qu'il en soit, ce fut un spectacle grandiose que celui du vainqueur de Solférino, érigeant sur le cratère d'un volcan éteint un trône pour le frère de François-Joseph! Ne nous défendons pas trop du bien que nous avons fait même en dehors des règles de la prudence. Si Dieu avait résolu de relever un grand pays d'une anarchie sans espoir, ne regrettons pas d'avoir concouru au salut d'un peuple malheureux, dût celui-ci être ingrat, à condition toutefois qu'on ne nous parlera plus désormais des droits onéreux de la consanguinité.

Je viens d'aborder des éventualités graves et lointaines; mais si la politique conjecturale avait besoin d'excuse dans la situation actuelle du monde, je n'aurais qu'à rappeler l'acte le plus considérable qu'ait récemment accompli l'Empire. L'ouverture de la question d'Orient et la dissolution de la Confédération germanique ne sont-elles pas en effet deux préliminaires également indispensables à la solution, par un congrès européen, des questions aujourd'hui pendantes en Italie, en Allemagne et en Pologne? Quiconque en appelle à un pareil arbitrage, à bien plus forte raison quiconque le provoque, semble admettre implicitement la nécessité de ces deux événements-là, et les tenir d'avance pour accomplis. C'est parce que tous les grands gouvernements ne partagent pas cette conviction, et ne désespèrent pas encore d'étayer des ruines croulantes, qu'une proposition à laquelle les cabinets seront heureux de se rattacher un jour, a revêtu l'appareil menaçant d'un programme de guerre générale, lorsqu'il aurait été naturel de lui attribuer un caractère différent.

Quel était au fond le sens et la portée des paroles contenues dans la lettre impériale adressée aux souverains le 4 novembre 1863? Ces paroles constataient d'abord que, dans l'opinion de l'empereur des Français, il n'existe plus dans le monde que « des devoirs sans règle, des droits sans titre et des prétentions sans frein; » elles établissaient qu'en présence de l'anarchie prochaine dont une telle déclaration n'est pas faite à coup sûr pour retarder l'avénement, il fallait trancher dans le vif, afin de devancer les révolutions, sous peine de demeurer à leur merci.

Un aveu aussi dépouillé d'artifice ne pouvait manquer de stupéfier la diplomatie, qui est, au fond, la plus routinière et la moins inventive des professions. Qu'on se figure des magistrats invités tout à coup à se transformer en accusés, afin d'avoir à se juger eux-mêmes, ou des soldats auxquels on demanderait de déposer leurs armes ! Aucun des souverains ménacés par le cours des choses, depuis le prince de Lippe jusqu'au sultan, n'est disposé à se jeter en Curtius dans le gouffre de l'ordre nouveau, afin de le combler par une patriotique immolation. Imagine-t-on un diplomate laissant comprendre à Abdul-Aziz, qui se proposait, je crois, d'honorer le Congrès de sa présence, que le plus sûr moyen pour résoudre à la fois les questions de Pologne et d'Italie, serait de lui attribuer une grosse pension, comme la Compagnie des Indes au grand Mogol ? En voit-on bien un autre venant déclarer, sans façon, aux membres princiers de la Confédération germanique, qu'il serait bon, afin de rétablir l'ordre en Allemagne, d'offrir à chacun d'eux un siége dans la première chambre du Parlement prussien ? Ces choses-là ne se disent pas en face aux gens qui ont un si grand intérêt à ne pas les comprendre. Sur ce point-là, le rude bon sens de lord Russell s'est donné un triomphe facile, mais imprudent. Démontrer que dans la situation actuelle des choses un pareil congrès ne pouvait aboutir, et que Pie IX ne s'entendrait pas avec Victor-Emmanuel s'ils se trouvaient assis autour de la même table, c'était enfoncer une porte ouverte. Toutefois, si l'Angleterre avait raison contre la France pour le présent, la France avait raison contre l'Angleterre pour l'avenir. La proposition d'un congrès est certainement appelée à profiter de tout le terrain que perdent chaque jour les gouvernements dans une lutte inégale contre les idées qui les affaiblissent et les révolutions qui les ébranlent. L'ouverture diplomatique du 4 novembre n'avait qu'un tort, mais c'était un tort capital : elle devançait les événements, qui seuls constituent l'enseignement pratique des peuples.

Lorsque les négociateurs de Westphalie, dont l'Empereur évoquait le souvenir dans sa lettre aux souverains, fondèrent pour un siècle le droit public du monde moderne, une guerre effroyable, où les revers avaient, durant trente ans, balancé les succès, avait rendu pour tous la paix à peu près nécessaire. Mais qu'auraient dit les

Impériaux à l'heure où Tilly et Wallenstein conduisaient leurs armées à la victoire ; qu'auraient dit, d'un autre côté, les princes protestants, au moment où Gustave-Adolphe, assisté par la France, était au cœur de l'Empire, si un médiateur leur avait alors proposé les conditions acceptées depuis sous la pression des malheurs communs? Richelieu aurait-il été, en 1638, aussi heureux que le fut Mazarin dix ans plus tard? L'opportunité d'une idée politique est le premier élément de sa valeur, et ce qui paraît très-mauvais aujourd'hui, pourra être très-bon demain. La formation d'un congrès pour résoudre, par voie de transaction, en 1863, toutes les questions pendantes, fut une proposition antidatée; c'est une idée vraie qui s'est produite sous les dehors ordinaires des idées fausses. Le cours des choses y conduit, et ce mot est celui de l'avenir. Il est donc bon qu'il ait été prononcé ; il est meilleur encore qu'il l'ait été par la France.

CHAPITRE VIII

L'ESPRIT SCEPTIQUE ET L'ESPRIT CHRÉTIEN

Revenons à la France, centre de gravité du système européen, à la France, qui, en présence de populations agitées et de gouvernements affaiblis, ne saurait être menacée que par elle-même.

Ce ne sont pas les machinations politiques qui pourraient d'ailleurs y susciter des périls : contre celles-ci, le pouvoir est armé par les lois et rassuré par leur manifeste impuissance. Lorsqu'on a sous la main la plus belle armée du monde, et devant soi des adversaires non moins divisés par les espérances que par les souvenirs; quand les plus fidèles serviteurs des régimes tombés ne réclament pour le passé qu'un peu de justice, le gouvernement, demeuré maître du présent, n'aurait à s'en prendre qu'à lui-même s'il laissait l'avenir lui échapper. Jamais pouvoir ne disposa plus complétement de ses propres destinées et n'a tenu de pareilles cartes entre les mains. Cependant, au milieu du désarmement général des partis, qui, en atteignant à leurs sources toutes les croyances purement poliques, met plus en relief de redoutables problèmes, éternel souci de l'esprit humain, les dangers sont grands, d'autant plus grands, qu'on incline à les chercher où ils ne sont pas, en refusant de les voir où ils se rencontrent.

Les crises révolutionnaires ne viendront plus de ces régions moyennes où les orages étaient fréquents mais rarement destructeurs. Elles surgiront, si une intelligente prévoyance ne les détourne, du travail latent opéré dans les profonfondeurs de ces couches populaires auxquelles ont été remises les destinées de la France. En présence d'une épreuve que la civilisation n'a pas encore traversée, il est naturel que l'esprit se recueille et que le doute vienne assiéger jusqu'aux cœurs les plus intrépides. Lorsqu'on songe que tout arrêt émané de cette force anonyme, sans responsabilité comme sans appel, devrait être obéie; lorsqu'on se dit que toute résistance à ses volontés serait à la fois illégale et vaine, on colle involontairement l'oreille à terre pour écouter les bruits précurseurs de la tempête chaque fois que la *Landsturm* électorale est convoquée pour décider du sort d'une grande nation.

Je sais ce que les intérêts conservateurs ont acquis de puissance ; je n'ignore pas dans quel réseau notre système administratif enlace les existences, même les plus obscures. Mais rien de tout cela ne fait disparaître le péril, dont le germe indestructible gît au plus profond du cœur humain. D'une part, la quantité toujours croissante des petites cotes foncières est, pour la propriété du sol, un appât plus qu'une garantie, quoiqu'on affirme le contraire ; de l'autre, l'administration pourrait bien voir l'aveuglement de la résistance dépasser un jour celui de la docilité. Si mal inspiré qu'il fût souvent, le régime censitaire avait des lois qui restent étrangères à l'action du suffrage universel. C'est surtout en cette matière que le passé ne saurait jamais pleinement rassurer sur l'avenir. Que faudrait-il pour opérer dans l'expression des volontés populaires la plus grande des révolutions ? Une toute petite découverte, à savoir que 25,000 électeurs n'ont après tout rien à craindre d'un sous-préfet, et qu'il ne leur est pas plus difficile de choisir pour les représenter, avec dix mille francs de traitement, un ouvrier ou un cultivateur vivant et sentant comme eux, qu'un avocat ou un propriétaire désigné par la préfecture.

Dans ce livre de bonne foi, j'ai le devoir de révéler ma pensée tout entière, et les conjonctures sont assez graves pour commander une complète sincérité. Je déclare donc qu'à mon avis, il s'opère de nos jours un effort soutenu contre la conscience publique qui n'avait jamais été égalé ni en intensité ni en puissance. Dans la croisade entreprise contre les plus chères espérances de l'humanité, on poursuit avec une passion égale les heureux du monde, dont ces espérances sont le seul frein, et les pauvres, dont elles sont le bien suprême, car on ne recule pas plus par pitié que par prudence.

Sans parler du travail des sociétés secrètes, limité par sa nature même, la France est soumise à une propagande de perversion intellectuelle opérée à ciel ouvert dans le domaine de la pensée et de l'art. Cette influence se révèle partout, depuis la philosophie qui nie Dieu jusqu'au roman d'où se dégage, sous des formes plus ou moins transparentes, la répudiation systématique des vérités primordiales sur lesquelles reposent toutes les sociétés humaines. On prétend substituer la morale de l'avenir à la morale du passé, donner pour principe constitutif au beau littéraire une idée supérieure à celle du sacrifice, et fonder l'harmonie sociale non plus sur les passions domptées, mais sur les passions satisfaites. Séparer l'homme de Dieu, voilà le but; dessécher la pensée chrétienne dans ses dernières racines, voilà le moyen. Toutes les puissances du mal sont à l'œuvre; le travail avance d'heure en d'heure; et qui refuse de le voir est aveugle ou complice. On dirait qu'un nouvel archange au front sillonné par la foudre a quitté l'empyrée, se dirigeant à tire d'ailes dans les abîmes de la nuit, vers un monde nouveau que l'être maudit salue de loin comme sa conquête.

> Thither full fraught with mischievous revenge,
> Accurs'd, and in a cursed hour he hies [1].

Voilà bien des siècles que l'insensé a dit dans son cœur : Il n'y a pas de Dieu [2]; mais c'est la première fois que le mal a été scientifiquement présenté comme appelé à se confondre avec le bien dans une dispensation plus rationnelle de l'ordre général, et que le libre arbitre de l'homme lui a été indiqué comme une pure illusion de son orgueil. C'est la première fois qu'on

[1] Milton, *Paradis*, chant II.

[2] Dixit insipiens in corde suo : Non est Deus. (Psalm. XIII, 1.)

a perdu le sens de la lumière au point de présenter comme le terme suprême de la vérité philosophique l'identité des idées contraires, ou le scepticisme absolu, et que, par une application bêtement sacrilége de la même théorie aux affections du cœur, l'un des pontifes de la foi nouvelle a osé écrire que la religion de l'avenir serait fondée lorsque, dans une étreinte fraternelle, *Jésus aurait enfin embrassé Bélial !*

Le dix-huitième siècle a publié des romans plus obscènes que ceux qui rencontrent faveur de nos jours : mais les écrivains de cette époque étaient moins corrupteurs que corrompus, et s'adressaient aux sens plus qu'aux intelligences. Crébillon fils n'affichait point la prétention de faire école, et ne se donnait pas pour un disciple du progrès. Le dernier siècle a compté des athées, mais ceux-ci l'étaient si franchement qu'ils ne pouvaient tromper personne, et que la contagion de leurs idées n'était guère à redouter. Ni d'Holbach, ni la Mettrie, ni Naigeon ne répandaient le poison à doses concentrées et dans des mixtures élégantes. En chassant Dieu du ciel, ils ne retenaient pas son nom, afin de s'en couvrir pour tromper les simples ; à plus forte raison se gardaient-ils de revêtir un manteau d'hiérophante pour célébrer l'éternité d'une mort sans espérance, dans des phrases où l'art tient lieu de la pensée absente.

Ce que les athées de profession n'ont point tenté, leurs disciples, moins sincères et mieux avisés, le font aujourd'hui avec un succès toujours croissant. Si la science les répudie, leur influence populaire grandit dans la mesure même où le discrédit intellectuel les atteint ; enfin, il est pénible de le constater, le bon plaisir administratif concède aux écrivains de la libre pensée, en les autorisant à fonder de nouveaux organes périodiques, des facilités vainement réclamées pour des doctrines assurément moins redoutables pour la société comme pour le pouvoir.

Un scepticisme prudent s'infiltre dans tous les écrits destinés au peuple, depuis le roman, paradoxe délayé en gros volumes, jusqu'à la feuille quotidienne, dans laquelle l'impiété se revêt d'hypocrisie pour pénétrer dans les lieux où le travailleur se repose, en substituant les chants de l'orgie aux belles hymnes qu'il ne sait plus. L'esprit délétère s'étend dans la mesure où les habitudes chrétiennes s'affaiblissent ; il pompe la séve qui coule encore, comme ces plantes parasites enlacées aux vieux troncs qu'ils épuisent avant de les étouffer.

La valeur philosophique de pareilles doctrines

n'est pas assez sérieuse pour qu'il y ait beaucoup à s'en préoccuper au point de vue de la haute spéculation. Les hommes qui les répandent aspirent à de plus dangereux succès, et c'est sous un autre aspect qu'il convient de les envisager. Rien n'est moins original, en effet, que ces redites où la stérilité le dispute à l'audace. Voici plus de vingt siècles que, discourant sur les conditions nécessaires à la fondation des sociétés civiles, Platon répondait aux objections élevées de son temps contre l'existence et contre la providence des dieux, dans des termes qui n'ont rien perdu de leur autorité victorieuse. Après avoir réduit au silence les sophistes qui prétendaient expliquer la nature par le concours fortuit de certains éléments primordiaux, et ceux qui transformaient l'univers en un vaste polype pénétré d'une vie inconsciente d'elle-même, le maître invoque la foi universelle, s'élevant dans le cours de tous les siècles comme la voix persistante de l'humanité : il la retrouve dans les forêts où les premiers humains offraient leurs sacrifices, comme dans les temples de marbre en présence desquels il donnait ses immortelles leçons ; et répondant à Clinias, qui lui demande d'où peuvent provenir des opinions si folles et si dangereuses, il s'écrie qu'elles ont leur source dans

« une ignorance honteuse, déguisée sous le nom « de la plus haute sagesse [1]. »

Il n'y a pas mieux à dire aujourd'hui, car on n'est pas moins ignorant, et l'on ne se croit pas moins sage. Ces vieilles erreurs, à peine rajeunies, ne sont donc redoutables que parce qu'elles s'adressent au peuple jusqu'ici épargné par elles. Il est impossible de n'être pas fort sérieusement alarmé lorsque, dans un pays où l'instruction primaire s'élève dans la mesure où l'instruction supérieure s'abaisse, ces détestables rêveries s'étendent et se développent par des procédés industriels d'une portée incalculable.

L'idée qui les inspire revêt toutes les formes, et tout lui est bon, pourvu qu'elle présente aux classes populaires un nouvel idéal de bonheur et de moralité. Le public littéraire ignore jusqu'au nom des recueils hebdomadaires investis à peu près seuls du soin de délasser de ses labeurs l'ouvrier de nos champs et celui de nos villes. Cependant, ces feuilles à dix centimes qui ont le monopole de l'éducation esthétique et morale du peuple français possèdent une publicité tellement étendue que tous les recueils religieux des nuances les plus diverses disparaissent devant

[1] Ἀμαθία τις μάλα χαλεπὴ, δοκοῦσα εἶναι μεγίστη φρόνησις. Plat., *de Legib.*, lib. x.

eux comme noyés dans l'océan de cette presse sans nom. Lors même que ces publications ne sont qu'une simple affaire de librairie, comment ne pas s'en inquiéter, puisque ces tristes œuvres sont presque toujours inspirées par une pensée radicalement inconciliable avec le seul élément de sociabilité existant au sein d'une société démocratique?

Que, sous l'empire du suffrage restreint, on se fit quelque illusion sur la possibilité de préserver l'ordre social sans l'intervention de l'idée religieuse, cela pouvait se concevoir. Le corps électoral censitaire représentait alors une masse d'intérêts assez compacte pour qu'il crût possible de se maintenir en équilibre sur ces intérêts mêmes. On pouvait être très-voltairien et très-conservateur, ce qui se voyait beaucoup. Mais lorsque, par un arrêt de la Providence, dans lequel il n'est pas interdit d'entrevoir la condamnation de cette confiance-là, les destinées du pays ont passé des mains de la bourgeoisie dans celles du peuple, l'horizon des pensées a dû s'élargir avec celui des craintes, et la peur est devenue le commencement de la sagesse. C'est une justice à rendre aux esprits forts de la monarchie, que Dieu a singulièrement bénéficié auprès d'eux, après 1848, de la terreur que leur inspirait la répuolique. Ce bon sentiment serait-il destiné à disparaître avec la sécurité retrouvée, et la disposiion générale des âmes est-elle de nature à mieux garantir l'avenir à ceux qui profitent du présent qu'elle ne l'était il y a quinze ans? Qu'importe la orce des institutions quand le travail s'opère u-dessous d'elles ? N'y a-t-il à s'inquiéter du Vésuve que lorsque ses feux illuminent le ciel? Et pour n'être pas bouleversée par la tempête, la mer cesse-t-elle d'être un élément redoutable?

Se persuader qu'une nation d'un esprit aussi logique que son cœur est intrépide perdrait ses dernières croyances avec ses derniers respects, sans faire payer aux pouvoirs publics le prix d'une pareille apostasie; croire que le *Moniteur des communes* affiché aux portes des églises pourrait, un our venant, remplacer le prône des curés, ce serait une illusion si prodigieuse qu'elle en deviendrait incompréhensible. La nécessité poliique de fortifier la religion au sein des masses, lans la mesure des séductions nouvelles qui les ssiégent et des droits nouveaux qui leur ont été départis, depuis la proclamation du suffrage universel, est si éclatante que, pour la méconnaître, l faudrait un aveuglement refusé même à la aine.

Quelle autre perspective que celle d'un bonheur éternel pourrait contre-balancer l'action d'idées captieuses vulgarisées par le talent et soutenues par la complicité des plus puissants instincts ? Serait-ce à l'autorité administrative à combler à coups d'arrêtés ce vide immense ? Les préfets n'ont pas encore affiché cette prétention-là. Depuis le rétablissement de l'Empire, ils ont conquis sans doute une rare puissance ; mais, de ce qu'ils sont parvenus souvent à débarrasser leurs administrés du souci des affaires publiques, et à placer quelquefois dans nos campagnes la prestation électorale sur le même pied que la prestation en nature, il ne faudrait pas conclure qu'ils disposeront de l'avenir. A tout fonctionnaire qui exalte son influence, il faudrait adresser l'invitation de repasser plus tard. D'ailleurs, le bonheur constant jusqu'ici du gouvernement impérial ne le mettra pas malheureusement plus que la France elle-même à l'abri de tous les coups du sort ; nos campagnes peuvent souffrir de la disette : elles pourraient même souffrir de l'abondance. Il n'est pas interdit de redouter certains autres accidents de la nature ou de la fortune capables d'exercer, dans une heure fatale, une action irrésistible sur les masses. J'ajoute qu'une pareille prévision est plus conforme encore à la prudence dans le système constitutionnel qui nous régit, puisqu'aucun cabinet ne pouvant aujourd'hui servir de bouc émissaire aux irritations publiques, celles-ci auraient à faire remonter la responsabilité directe vers le pouvoir, en vertu de la doctrine dont il revendique l'application.

Dans une société constituée sur le principe qui régit aujourd'hui la nôtre, un grand gouvernement qui veut fonder une dynastie est donc conduit à chercher dans la religion, seule puissance modératrice des âmes, la force d'affronter les orages de cette mer qu'on appelle une multitude. Il en est des consciences comme des aérostats ; pour les diriger, il faut commencer par trouver un point d'appui. C'est en vain qu'on s'efforcerait de le demander soit au personnel d'un parti, soit même à l'ensemble des institutions. De telles bases, solides peut-être en d'autres temps, sont trop étroites sous le régime du suffrage universel. Pour dominer une pareille force, et pour fonder un avenir sur un élément aussi mobile, il faut pouvoir pénétrer à la fois les couches les plus diverses de la société française, en s'appuyant sur une idée commune à toutes. Le christianisme parle la même langue dans les châteaux et dans les chaumières ; il oppose à la mobilité des circonstances des enseignements immuables comme lui-même ; il est donc, aux yeux de tout esprit sensé, quelle que puisse être sa foi religieuse, le modérateur obligé de la souveraineté capricieuse qui pourrait étonner le monde par l'excès de ses témérités comme par celui de ses complaisances.

Le pouvoir se trouvera donc conduit, par la rigoureuse nécessité de sa position, à faire bientôt un choix définitif, moins entre deux doctrines qu'entre deux publics. Très-périlleuses dans les questions spéciales, les équivoques profitent encore moins dans le cours ordinaire des choses, et le premier souci d'un pouvoir prévoyant doit être de discerner ses points d'appui. Les cherchera-t-il dans la partie chrétienne de la société, et les prendra-t-il sur le monde des saines réalités domestiques ? Inclinera-t-il vers cette bohème du sensualisme, qui n'admet pour l'humanité qu'un seul devoir, celui d'augmenter la masse des jouissances en restreignant de plus en plus le cercle des interdictions ? Gouvernera-t-il enfin la démocratie par ses bons ou par ses mauvais instincts ? Questions que les faits ont posées, et que l'avenir devra prochainement résoudre.

Un seul dogme rallie aujourd'hui la Babel du scepticisme. Ce dogme formulé avec une confiance hautaine par un écrivain qui passe pour un savant dans le monde des romanciers et pour ın romancier dans le monde des savants, c'est ղue l'ordre surnaturel n'existe point, puisque .'homme ne saurait s'en former aucune idée : raisonnement de la force de celui de la brute qui nierait l'ordre intellectuel sur ce seul motif qu'elle ne peut ni le percevoir ni le comprendre. Que je voudrais entendre La Fontaine faisant disserter un chien philosophe contre l'existence d'Homère et les miracles littéraires des poëtes ! Que j'aimerais à voir le sceptique quadrupède prouver, à l'aide des raisonnements opposés par les incrédules aux ravissements des âmes croyantes, que nos prétendues jouissances d'esprit ne sont que mensonges et illusions !

Sceptiques dans leur foi religieuse, les libres penseurs ne le sont guère moins dans leur foi politique ; ce n'est pas de leur bouche que sortira jamais un *Non possumus*. Pour résister à quelqu'un, il faut croire à quelque chose, et ces esprits-là sont incapables d'une affirmation. L'incrédulité est la grande route du despotisme : si le monde la suit jusqu'à sa dernière limite, l'athée y sera roi, et ce règne est annoncé.

Le principal travail de l'école antichrétienne dans la presse politique, c'est de persuader au gouvernement impérial qu'il est en butte aux hostilités secrètes de la partie catholique de la nation. Cette presse déploie une activité dont aucun suppôt d'inquisition n'a certainement approché, afin de convertir en une opposition implacable certains griefs dont les dates ne sont pas moins connues que les motifs. Or, bien loin que l'idée catholique puisse jamais profiter aux partis, elle en a été, dans tous les temps, le dissolvant le plus actif. C'est cette idée qui, sous la monarchie de 1830, a porté le coup le plus sensible à l'opinion légitimiste, en séparant l'élément religieux de l'élément politique, pour élever au-dessus des vains regrets et des espérances plus vaines encore l'école virile de la liberté pour tous. Les chrétiens sont acquis d'avance au pouvoir qui régit leur pays, pourvu qu'il s'exerce dans le sens des intérêts moraux auxquels leur conscience les oblige à subordonner tous les autres. Rien de plus aisé dès lors que de savoir à quel prix ils mettent leur concours, et par quels actes on serait assuré de le perdre. Cependant, c'est peut-être un service à rendre que d'exposer sur ce point la vérité tout entière : disons-la donc.

Lorsque l'Empire s'inclinait, à son avénement, sous les confiantes bénédictions de l'Église, beaucoup de catholiques interprétant ses paroles et jusqu'à son silence dans le sens de leurs confuses espérances, lui sacrifièrent les seules garanties qui puissent, dans notre temps, assurer la sainte liberté des âmes. Personne n'ignore à quels actes remonte la rupture d'une alliance durant laquelle les chefs du clergé n'étaient pas demeurés en reste de manifestations empressées. Les catholiques pouvaient-ils n'être pas émus du brusque revirement qui, en les frappant dans leur confiance politique, alors sans bornes, menaçait de les atteindre bientôt dans leurs plus chères convictions ? S'il leur arriva parfois, durant la guerre d'Italie, d'attribuer à des intentions préconçues des actes déterminés par la pression des circonstances, comment en être surpris, lorsque l'alarme était générale dans l'univers religieux et l'espérance sans limite dans le monde de la libre pensée ? Avec quelle promptitude, d'ailleurs, l'administration ne dépassa-t-elle pas, par la violence de ses procédés, l'excès même des injustices ! Les évêques qui, durant la première période du second Empire, avaient eu les préfets pour collaborateurs très-empressés, les rencontrèrent pour observateurs très-vigilants dans la seconde ; et l'on vit ces fonctionnaires, s'inquiétant plus de servir les passions de l'administration supérieure que de lui révéler la vérité, signaler comme ennemis du gouvernement impérial des hommes qui n'étaient que les contradicteurs attristés de sa politique nouvelle.

A partir de 1860, l'administration départementale, dirigée par un chef en qui revivaient, sous un autre drapeau, les ombrageuses ardeurs de 1815, sembla vouloir donner à son action le but le plus étrange. Elle déploya une habileté infatigable pour organiser de ses propres mains en grand parti d'opposition des hommes fort étrangers pour la plupart aux idées dont ils s'entendaient déclarer officiellement les auxiliaires. Un travail persévérant fut consacré à donner une armée aux anciens partis; et, si cette armée leur manque, ce n'est pas qu'on n'ait pris la plus grande peine pour la former. La guerre administrative ayant été déclarée contre tous ceux qu'alarmait l'attitude de la France en Italie, une sorte d'état de siége fut proclamé contre les cléricaux. Ici, l'on enlevait, par une pression sans exemple, le mandat législatif à l'homme dont le seul tort avait été de déposer dans l'urne un vote unique commandé par sa conscience; là, on supprimait des feuilles dont les juges hanovriens découverts par M. le duc de Persigny auraient respecté l'existence. Si le sang coula quelquefois, en effet, sur les échafauds politiques de la Grande-Bretagne, on ne connut jamais, dans cette patrie du droit et du bon sens, l'arbitraire avoué qui, en matière de presse, fleurit dans une société dotée de six codes et de soixante mille lois. Bientôt, la liberté de la charité suivit le sort de la liberté de la pensée, et le pauvre au chevet duquel s'asseyaient les confrères de Saint-Vincent-de-Paul apprit par une notification ministérielle que ces humbles chrétiens n'avaient jusqu'alors soulagé ses misères qu'afin de le transformer en instrument de leurs passions politiques. Il faut des racines bien profondes pour résister à un pareil zèle ! Aux jours de la Chambre de 1815, lorsque le sentiment de la vengeance troublait jusqu'aux cœurs les plus honnêtes, la restauration n'a pas vu plus de sincérité mise au service de plus d'aveuglement.

Mais quelque bon vouloir qu'on pût y mettre, on ne parvint pas à engager le clergé dans une hostilité systématique dont il n'a ni le goût, ni la volonté, ni l'intelligence. Si le mal fait alors fut grand, il n'est donc point irréparable, et rien ne serait plus facile pour le pouvoir que de reprendre aujourd'hui, par une extension modérée de la liberté, tout le terrain que lui a fait perdre l'arbitraire administratif. Toutefois, les idées ont marché avec les événements, et les déceptions n'ont été inutiles pour personne. Sans être moins sincère qu'en 1852, l'entente devrait donc s'opérer dans des conditions différentes.

Nul ne demanderait désormais au gouvernement impérial autre chose que la protection du droit commun, et ne réclamerait pour ses croyances des prérogatives qu'il serait si facile de transformer en instruments de servitude. Il est manifeste, même pour ceux qui la répudieraient en principe, que la liberté politique est le premier besoin des catholiques en France. Ceux-ci sont, Dieu merci, parmi ceux qui ont le plus à craindre le despotisme, et dès lors aussi parmi ceux qui ont le plus à le détester. D'ailleurs, c'est dans les couches sociales où survivent avec la foi et les traditions des ancêtres le respect de soi-même et l'indépendance du caractère, que des garanties contre l'arbitraire sont encore le plus ardemment souhaitées. C'est dans ces classes, libérales par les mœurs, lors même qu'il leur arrive de ne pas l'être par les idées, qui vivent sur le sol et s'y fortifient en l'embrassant plus étroitement chaque jour, que se révèle le besoin d'échapper par une plus large part dans la gestion des affaires locales au joug d'une administration omnipotente ; c'est, enfin, par le réveil de la vie publique là où l'abaisseıent des esprits n'est pas encore irrémédiable, ue la question politique vient se confondre avec ı question religieuse, puisqu'elles ne peuvent tre résolues que par un ensemble de garanties écessaires à l'une comme à l'autre. Relever la resse d'une situation intolérable; respecter la onscience publique dans les élections; agrandir ı sphère des conseils généraux; faire du maire homme de la commune, du préfet le directeur e toutes les influences naturelles de son départ-ment : une pareille conduite assurerait des ympathies profondes dans la partie de la so-iété peut-être la plus populaire encore auprès u suffrage universel.

Au devoir de choisir entre les deux grandes actions qui partagent la France, comme deux euves dont l'embouchure n'est pas moins sépa-ée que la source, il faut joindre pour le pouvoir ne obligation non moins rigoureuse. Il est ap-elé à fortifier cette société affaiblie, par la mo-alité dans les choix et dans les exemples. Sous ancien régime, la cour ne corrompait que la lle : aujourd'hui le gouvernement est partout; façonne la nation à son image, car il en est le ul instituteur possible. C'est surtout au sein des émocraties, où la puissance des traditions est ulle, qu'il faut prêcher d'exemple. Dans ces sociétés mobiles où les générations, en disparaissant, ne laissent pas même un souvenir, tout nom propre est une enseigne, et tout scandale est contagieux. « Quels moyens restent à l'auto-« rité en des pays semblables, se demande l'au-« teur de la *Démocratie en Amérique*, pour ra-« mener les hommes vers les opinions spiritua-« listes, ou pour les retenir dans la religion qui « les suggère? Ce que je vais dire va bien me « nuire aux yeux des politiques. Je crois que le « seul moyen efficace dont les gouvernements « puissent se servir pour mettre en honneur le « dogme de l'immortalité de l'âme, c'est d'agir « chaque jour comme s'ils y croyaient eux-« mêmes, et je pense que ce n'est qu'en se con-« formant scrupuleusement à la morale reli-« gieuse dans les grandes affaires, qu'ils peuvent « se flatter d'apprendre aux citoyens à la con-« naître, à l'aimer et à la respecter dans les « petites [1]. »

M. de Tocqueville a raison : c'est par les actes qu'il faut travailler à l'éducation des démocraties, et les œuvres honnêtes y profitent plus que les bonnes lois. Moraliser le suffrage universel, par les hommes et par les choses, tel est donc le

[1] De la Démocratie en Amérique, t. III, p. 298.

remier intérêt d'un gouvernement qui travaille à faire de ce principe la loi fondamenle des sociétés modernes. Le second Empire orte devant l'histoire la responsabilité de l'idée ur laquelle il a basé son avenir, et jamais peutre aucun pouvoir ne s'est trouvé engagé à ce oint-là dans l'issue d'une grande expérience olitique. C'est à la dictature, proclamée le 2 déembre 1851 que le suffrage universel direct oit d'avoir survécu seul à la réaction conservaice, qui emporta dans quelques heures toutes s conceptions écloses en 1848. Je n'ai ni à iniquer, ni à juger les motifs pour lesquels le rince-Président estima convenable d'en mainnir l'usage ; mais je ne redoute aucune contraiction, en affirmant que, s'il avait alors soufflé ur le suffrage universel comme sur la constituon républicaine par laquelle ce principe avait é consacré, le droit au scrutin serait allé, sans rovoquer aucune plainte, rejoindre le droit au ısil et le droit au travail dans les abîmes de oubli.

Loin de restreindre l'usage de ce droit-là, le gislateur de 1852 le plaça au-dessus de toute iscussion, et la politique française aspire auurd'hui à le faire prévaloir dans toutes les ansactions internationales. Le suffrage universel est pour l'Empire ce que le principe de la légitimité était pour la maison de Bourbon. Il n'y a pas de débat à entamer sur ce point-là, et je ne me sens pas assez populaire pour prendre, en pareille matière, les mêmes libertés que l'un de mes confrères à l'Académie française, protégé chaque soir près du pouvoir et près du public par les applaudissements du parterre.

Toutefois, il ne me sera pas interdit de rappeler que M. Émile Augier trouve absurde de poser aux populations des questions insolubles pour elles, et qu'afin de rentrer dans la vérité indispensable à la démocratie comme à toute autre forme de gouvernement, il propose carrément de ne conserver l'usage du suffrage universel direct que dans les élections municipales, où sa compétence n'est contestable pour personne. Au système qui nous régit, il voudrait voir substituer la création d'une série de conseils locaux qui seraient élus et comme engendrés l'un par l'autre. Le couronnement de cet édifice, où l'élection s'exercerait comme une fonction politique accidentelle dans des attributions administratives permanentes, serait une représentation nationale constituée par les conseils généraux, en vertu d'un mandat annuel conféré par ces corps à un certain nombre d'entre leurs membres

Il m'est arrivé, voici bien longtemps, d'expo-
er, sous l'empire du suffrage restreint, les bases
l'une réforme électorale qui ne s'éloignait pas de
elle qu'a cru pouvoir conseiller le spirituel écri-
ain, encore qu'elle fût moins radicale. Je verais donc avec beaucoup de plaisir la théorie de
I. Émile Augier faire son chemin dans le monde,
ans soulever ni les rigueurs du parquet, ni les
olères de la presse démocratique, et je souhaite
le grand cœur à sa *Question électorale* le même
uccès qu'à l'une de ses comédies. Mais à dire
rai, je ne l'espère en aucune façon. Un concours
le circonstances d'une puissance irrésistible pa-
aît avoir lié le sort du second Empire à celui du
uffrage universel, tel qu'il s'exerce depuis
852; et la presse démocratique, de son côté,
ı'en est pas à penser qu'il ne faudrait dispenser
e droit que dans la mesure des lumières. Sa-
hons donc nous incliner sous l'autorité du seul
ait qui ait survécu aux éphémères conceptions
lu 24 février, et qui semble mieux garanti sous
'Empire qu'il ne l'était même sous la répu-
ılique.

Le pouvoir qui a introduit cette idée nouvelle
lans le droit européen se trouve donc conduit
ıar un intérêt du premier ordre à s'assurer l'as-
istance de toutes les forces conservatrices, afin de

faire fonctionner ce suffrage dans les conditions les moins défavorables. A ce titre, il en est pour lui de l'Église comme du Dieu de Voltaire : si elle n'existait pas, il faudrait l'inventer ; car où placer ailleurs le levier nécessaire pour remuer un grand peuple? C'est par l'autorité d'enseignements qui ne touchent pas moins les hautes intelligences que les cœurs simples; c'est par la puissance d'une vaste hiérarchie, respectée du riche autant que du pauvre, qu'il luttera certainement avec le plus d'avantage contre des passions auxquelles il suffirait de découvrir le secret de leur propre force, pour leur livrer ce monde au delà duquel la pensée humaine ne monte plus. Ceci n'est pas une question de croyance, mais une affaire d'observation; et tout esprit libre, s'appelât-il Machiavel ou Montesquieu, donnerait au pouvoir les mêmes conseils. A lui donc de fixer ses destinées ; à lui de choisir entre l'idée chrétienne, demeurée la règle et la lumière de ceux mêmes qui la renient, et l'idée païenne, qui tente, après dix-neuf siècles, un nouvel effort pour absorber Dieu dans la nature, en substituant les horizons circonscrits par nos regards aux horizons infinis comme nos espérances.

CHAPITRE IX

CONCLUSIONS ET VUES SUR L'AVENIR

Ou je me trompe, ou les conclusions natu-elles de ce travail se seront déjà présentées à esprit de mes lecteurs : j'ai donc moins à les ɔrmuler qu'à résumer les éléments dont elles écoulent.

Nous avons rappelé, en les appréciant succes-ivement, les principales transactions politiques ui ont marqué le cours de ces quatorze années. n a pu s'assurer que le pouvoir impérial s'est xercé, durant cette période, dans l'esprit et dans s termes des institutions promulguées par lui-ıême. Depuis 1852, le gouvernement de la rance n'a plus été ni l'œuvre d'une Chambre, i celle d'un Cabinet; il est resté l'œuvre d'un omme, et la responsabilité personnelle reven-iquée par le chef de l'État a remonté jusqu'à lui en fait aussi bien qu'en droit. De là le devoir imposé au publiciste de pénétrer jusqu'à la pensée de laquelle tout émane et vers laquelle tout remonte, afin de juger les actes accomplis, les idées qui les ont inspirés et les projets qu'on est logiquement conduit à en induire.

Au début du gouvernement qui remplaça la république, l'opinion, dominée par le seul besoin du repos, ne se préoccupait que des difficultés extérieures. Comment le second Empire userait-il du blanc-seing que lui avait donné la France? Reprendrait-il, en déchirant les traités de Vienne, ces frontières de 1802 dont la perte s'élevait comme une accusation permanente contre le chef de la dynastie impériale, ou demeurerait-il fidèle à ce pacifique programme de Bordeaux qui avait ménagé au Prince-Président le concours d'intérêts si nombreux? Là était toute la question pour les chancelleries, pour les familles et pour la Bourse. En cherchant à la résoudre, il est arrivé à tout le monde de se tromper, car la France s'est tenue en équilibre entre la guerre et la paix, avec un pied dans l'une et un pied dans l'autre.

L'Empire ne s'est pas montré systématiquement résolu à étendre par les armes notre territoire continental: mais il a été encore plus loin le faire du maintien de la paix le but même de a politique, et de rassurer l'Europe sur la portée léfinitive de celle-ci. La guerre financière a passé à l'état de maladie chronique, et l'on a lépensé pour s'observer à peu près ce qu'il en aurait coûté pour se combattre. Un milliard et lemi ajouté au capital de la dette publique pour 'expédition de Crimée, une somme égale absorbée par la guerre d'Italie, par les expéditions lans l'extrême Orient et la guerre du Mexique, constatent que le pouvoir n'a jamais entendu le programme de Bordeaux dans un sens littéral, et que les banquiers se trompaient fort lorsqu'ils saluaient le prochain retour de la rente aux cours élevés atteints et maintenus sous les deux monarchies précédentes.

Si l'Empire n'a jamais exposé le pays ni à 'éventualité d'une coalition, ni aux hasards l'une guerre révolutionnaire, il a recherché, chaque fois qu'il s'est trouvé garanti contre ce louble péril, l'occasion d'intervenir dans toutes es affaires, dussent-elles se dénouer au bout lu monde. A la paix glorieuse assurée par le raité de Paris, il a fait succéder la guerre en Italie, la guerre en Chine, la guerre en Cochinchine, la guerre au Mexique. Il n'aurait pas reculé devant la guerre en Pologne, s'il avait rencontré une alliance ; et ce n'est pas sans regret qu'il a renoncé, devant le refus de l'Angleterre et de la Russie, à une sorte de médiation armée dans les affaires de l'Amérique. Nous assistons à l'application d'un système pacifique poursuivi par des expéditions militaires à responsabilité limitée. Le gouvernement français rappelle un peu le joueur chez lequel le désir du gain, si vif qu'il soit, est heureusement contenu par la crainte d'engager une trop forte mise. Il redoute plus de perdre qu'il ne souhaite s'enrichir, et n'est jamais plus près de la réflexion que lorsqu'il affecte les dehors de la témérité.

En suivant les phases de cette politique toujours empressée d'agir, mais ne s'engageant jamais assez pour permettre à personne d'escompter ses résolutions définitives, j'ai dû reconnaître, lors même que j'avais à exprimer de très-vives dissidences, les rares qualités qui seules en ont rendu la longue pratique possible. Demeurer assez maître de soi pour tempérer de dangereux entraînements par de prompts retours, et pour s'arrêter dans les bonnes chances aussi facilement que dans les mauvaises ; puiser dans la confiance en sa destinée une force que ne donnent pas toujours les illuminations du génie, et contempler les événements le front impassible, les yeux fixés sur une étoile que la nuit la plus épaisse ne voila jamais, ce sont là de grandes lignes qui dessinent une physionomie historique en traits originaux et fortement accusés. Le caractère le plus éminent, peut-être faudrait-il dire le plus redoutable de cette politique-là, consiste à ne décourager ni aucune idée, ni aucune espérance, à entr'ouvrir les perspectives les plus opposées, en restant constamment libre, en face des partis comme en face des Cabinets. Garder toujours sa liberté est un mérite que la politique impériale aurait pu revendiquer à peu près sans réserve, n'était l'affaire d'Italie, dans laquelle le génie de la France, subissant une sorte de fascination, a reculé devant un autre, au point de n'oser rien vouloir, ni rien interdire, ni rien affirmer.

Quand on embrasse l'ensemble des transactions diplomatiques suivies depuis 1852 jusqu'à l'heure où nous sommes, on se trouve amené à penser, en mesurant les résultats obtenus au prix énorme qu'ils ont coûté, que, si une intervention empressée dans les affaires des deux mondes a été un sûr dérivatif pour les vivacités du tempérament national, elle a conduit à poursuivre simultanément trop d'intérêts secondaires pour qu'il ait été possible de suivre un intérêt du premier ordre. Aussi avons-nous vu les questions d'Italie, de Pologne, du Danemark, et plus récemment celle du congrès, échapper tour à tour à la France, pendant qu'elle tenait une main sur la Chïne et l'autre sur le Mexique. C'est en diplomatie surtout qu'il faut savoir concentrer ses efforts pour n'embrasser qu'un projet à la fois. Il est peu de grands hommes dont la vie ne vienne se résumer dans l'accomplissement d'une pensée par laquelle leur destinée s'éclaire. Cette unité de vues et cette coordination d'efforts ont manqué au premier Empire : il appartiendrait au second de profiter de ses fautes comme de sa gloire.

Fonder l'accord du pouvoir avec la liberté sur des bases durables, telle est la tâche dont notre siècle attend l'accomplissement. Il est une autre ambition qu'explique et justifie l'état général de perturbation où sont aujourd'hui les peuples, c'est celle de concourir à une réorganisation de l'Europe plus conforme aux vœux des populations et aux besoins d'une ère pacifique. On comprend qu'elle ait tenté l'Empire dans la plénitude de force et de liberté que lui avaient ménagée, après le congrès de Paris, des circonstances sans précédents dans l'histoire. L'expédition de 1859, qui, n'étant pas sortie des faits accomplis comme celle de 1854, porte tous les caractères d'une initiative réfléchie, peut être considérée comme la première application de la pensée impériale à l'organisation nouvelle de l'Europe. Mais n'a-t-on pas construit Chalcédoine en ayant le rivage de Byzance devant les yeux, et commencé par où il aurait fallu finir? Tel est le premier point que j'ai dû examiner.

Soulever soi-même la question d'Italie, c'était, je crois l'avoir établi, entrer dans la politique générale par le côté le plus périlleux, en assumant gratuitement une responsabilité immense. Sans parler du contre-coup qu'elle ne pouvait manquer d'avoir sur de grands intérêts moraux, cette question laissait la France sans alliance sur le continent, et devenait, en cas de revers, le nœud d'une coalition qui aurait trouvé le pays ému et partagé. Elle a été le principe de tous les avortements auxquels nous avons assisté depuis six années. Les événements accomplis au delà des Alpes, en même temps qu'ils enseignaient à l'Allemagne comment on argue du droit des nationalités pour masquer ses ambitions, ont provoqué l'insurrection polonaise et séparé violemment la France de la Russie au moment où l'on s'efforçait, à Paris, de faire prévaloir une politique toute différente. L'annexion de la Savoie, envisagée par l'Europe comme la révélation d'un vaste plan, qui a fait naître contre la France des suspicions universelles, a déterminé la rupture de l'alliance anglaise, et cette rupture a livré la Pologne à la Russie, comme le Danemark à l'Allemagne. Sans résoudre un seul des problèmes qu'elle a posés, la guerre de 1859 a donc soulevé tous ceux qui pèsent aujourd'hui sur le monde.

En regard d'une politique dont les œuvres sont demeurées inférieures aux sacrifices qu'elle a provoqués, j'ai placé d'autres perspectives plus vastes sans être plus périlleuses, et qui n'auraient laissé redouter ni l'isolement, ni l'émotion des consciences. J'ai cru pouvoir rechercher ce qu'aurait été l'action de la France, si, après le traité du 30 mars 1856, elle était entrée, de concert avec la Russie, par la porte alors ouverte de l'Orient, dans le règlement des intérêts européens, au lieu de s'acculer à l'impasse de l'Italie, pour aboutir, à travers les traités déchirés et les engagements méconnus, à l'énigme du 15 septembre. J'ai donc exprimé le vœu que l'Empire, imprimant à ses efforts une direction plus précise, cessât de dissiper dans des questions isolément insolubles les forces qu'il tient de la France et de lui-même ; en expliquant enfin l'émotion suscitée en novembre 1863 par la brusque proposition d'un congrès européen, j'ai constaté que cette ouverture, si insolite qu'en ait été la forme, contenait pourtant le mot de l'avenir, qu'elle était la conséquence à peu près forcée de la confusion au sein de laquelle s'achève la décomposition de l'Europe. L'idée qui se dégage le plus nettement, en effet, au milieu de tant d'obscurités, c'est la constitution lointaine peut-être, mais inévitable, d'une sorte d'amphictyonie européenne vers laquelle convergent, depuis un demi-siècle, les aspirations les plus diverses des gouvernements et des peuples.

Le second Empire cumule les ambitions de la paix avec celles de la guerre; et, croyant à la solidarité des siècles comme à celle des nations, il use du crédit à peu près comme on use de l'impôt. Les générations futures au compte desquelles on porte les frais des œuvres dont profite la génération présente, paieront donc notre gloire comme nos plaisirs. On semble dévorer le temps comme s'il pouvait manquer. Pendant que trois réseaux de chemins de fer sont simultanément exécutés, la grande et la petite voirie percent jusque dans ses parties les plus reculées un territoire où l'État transforme les cultures par ses primes, ses écoles et ses comices, qu'il draine par ses ingénieurs, qu'il défriche et boise par ses forestiers. Des phares en illuminent les approches : l'éclair de la pensée vole à ses extrémités, pendant que des ports s'élargissent ou se creusent pour solliciter le commerce du monde. Aucun projet n'est découragé ; et pour n'être pas exposé à repousser les hommes de génie, on va parfois jusqu'à faire accueil aux hommes d'aventure.

Contraint de payer cher l'escompte du temps, afin de substituer les années aux siècles, le pouvoir ne peut marchander aux compagnies, auxiliaires obligées d'une pareille tâche, le prix d'un concours qu'il faut acheter en abandonnant toutes les bonnes chances pour se réserver toutes les mauvaises. Dans ce système, les avantages attachés à une exécution aussi rapide ne peuvent manquer d'être en partie compensés par les difficultés qu'une telle rapidité suscite. De là, la baisse générale des valeurs, la hausse de l'intérêt, la périodicité des embarras monétaires, la dette publique augmentée de plus de quatre milliards, et le chiffre du budget s'élevant plus promptement encore que celui de la richesse publique. Tels sont les inconvénients inséparables d'un développement merveilleux, mais hâtif, et l'esprit politique a le devoir de les signaler, même en présence de la consécration du succès.

Les mœurs du pays n'y sont pas moins inté-

'essées que ses finances, car, sans se montrer :enseur morose, on peut trouver nos conquêtes natérielles chèrement achetées. Le désir de jouir, e souci dévorant d'aboutir vite, ont imprimé à 'ensemble de notre vie sociale et domestique juelque chose d'agité comme l'impatience, de 'ulgaire comme l'égoïsme satisfait. Nos ambiions ne sont plus que les instruments de notre ɔien-être. Stimulées par la fièvre de rénovation ransformée en théorie gouvernementale, les 'illes rivalisent avec l'État, toujours applaudies ɔar une école qui paraît avoir supprimé toute listinction entre les dépenses fructueuses et les lépenses improductives. Par une pente sur laquelle aucune intervention administrative ne les rrête, elles descendent des œuvres utiles aux omptueuses fantaisies, et, sous cette impulsion ;énérale, la taxe des ouvriers est près de jouer hez nous le rôle de la taxe des pauvres.

A côté de l'immense armée des travailleurs saıriés ou subventionnés par l'État, les départeıents et les communes, pour un chiffre annuel qui 'est guère inférieur à douze cents millions, la rance entretient 500,000 soldats ; elle a 300 bâtiıents de guerre à la mer ; elle couvre son sol de ıonuments où le luxe supplée à l'originalité abənte ; elle transforme sa marine et ses armements, et la science, chaque jour dépassée par un progrès nouveau, tient le budget pour un fonds aussi inépuisable que le génie. Lorsqu'on lit dans l'*Exposé de la situation de l'Empire*, annuellement distribué aux Chambres, le compte rendu de tout ce qui a été fait dans la dernière période décennale, et qu'on embrasse par la pensée le programme de ce qui se prépare ; quand on voit les communes et les départements porter aussi légèrement que le Trésor le poids d'une dette chaque jour croissante, on reste confondu devant les miracles de cette puissance française, dont les entreprises multipliées, qu'elles aient pour théâtre le pays lui-même ou les contrées les plus lointaines, semblent protégées, jusque dans leurs témérités les plus manifestes, par la fidélité obstinée de la fortune !

Il est une autre sphère où les efforts de l'État ne sont pas moindres, mais où son action est contre-balancée par une puissance supérieure même à la sienne. Les ressorts moraux d'un grand pays ne sauraient être forcés comme ses ressorts financiers; et lors même que le pouvoir est assez fort pour y suspendre les entraînements de la pensée publique, il ne peut détourner celle-ci de son cours naturel. Si donc, de ces grands travaux où l'on dirait que s'est s'est usée l'existence de plusieurs générations, on passe au domaine de l'intelligence et de l'art, la stérilité se révèle, et trop souvent la vie s'arrête comme épuisée dans ses sources. Ce n'est pas qu'en matière d'instruction publique surtout, le gouvernement ne fasse la plus rude concurrence aux inventeurs de profession : mais innover n'est pas découvrir ; la *bifurcation* l'a constaté, et c'est principalement dans ce qui touche à la culture de l'esprit, que l'agitation est moins un signe de progrès qu'un symptôme de décadence.

On n'a pas obtenu un succès plus décisif dans la direction, par voie administrative, de l'opinion publique. Lors même que la pensée gouvernementale ne rencontrait aucune contradiction au sein des grands pouvoirs de l'État, cette pensée, ressuscitée des traditions de l'an VIII, perdait déjà du terrain en face de l'idée constitutionnelle appliquée durant trente ans, idée qui se relève assez visiblement de sa défaite pour donner confiance dans une victoire parfaitement compatible d'ailleurs avec les institutions qui nous régissent.

Deux doctrines, d'une autorité fort inégale sur la nation, demeurent constamment formulées en face l'une de l'autre, et les conséquences de cet antagonisme ont été, si je ne me trompe, rendues sensibles dans cet ouvrage. D'une part, on envisage le gouvernement de la démocratie comme impliquant, pour son exercice régulier, un pouvoir unique, expression condensée de la souveraineté populaire ; de l'autre, on voudrait appeler à la direction des affaires publiques toutes les forces vives de la nation, et l'on mesure l'autorité morale du pouvoir à la part de responsabilité départie à ses agents. La France reste donc partagée entre la théorie du gouvernement personnel et celle du gouvernement par l'opinion, exposées dans des termes à peu près semblables à ceux sous lesquels ces deux idées se sont produites dans d'autres temps. Mais ici s'arrête l'analogie. Nous n'avons plus à redouter, je m'empresse de le constater, de voir le conflit engagé entre le droit de la couronne et le droit de la nation aboutir à une issue fatale, car deux principes inconciliables ne se dressent plus en face l'un de l'autre, semblables à deux machines de guerre. Chacun admet aujourd'hui que le pouvoir constituant réside dans la nation, et que celle-ci reste juge souveraine de la manière dont il lui convient d'être gouvernée. Si donc la France souhaite une liberté politique plus étendue, si elle aspire à prendre une part plus large dans l'administration de ses propres affaires, il lui suffira de manifester sa propre volonté sans équivoque, pour que cette volonté soit obéie. Le grand acte du 24 novembre 1860 a devancé plutôt qu'il n'a suivi le réveil de l'opinion publique ; et, si nous attendons encore le couronnement de l'édifice, il est juste de s'en prendre à l'attitude du pays plutôt qu'aux résistances du pouvoir.

Comment méconnaître que, jusqu'au décret du 24 novembre, la France n'usait pas même d'une seule des libertés qu'elle avait ? Le gouvernement constitué en 1852 est dominé d'ailleurs par l'autorité de son principe, au point d'être contraint à s'incliner devant le vœu national, celui-ci fût-il contraire à sa pensée intime, car si le suffrage universel désarme les partis, il désarme bien plus encore le pouvoir.

Ce sont donc moins les résolutions du gouvernement que les dispositions mêmes du pays qu'il convient de pressentir, lorsqu'on forme des conjectures sur l'avenir. Vers quel but se dirigent le mouvement de l'opinion et le flot plus incertain des événements qui la façonnent ? Quelles perspectives viennent ouvrir devant l'œil du publiciste l'action respective du pouvoir et des partis, celle des écoles philosophiques et surtout le travail souterrain opéré dans les profondeurs de la démocratie? C'est la dernière question qu'il me reste à étudier.

La France n'a guère, en ce moment, à compter qu'avec elle-même. Elle est assez redoutée pour que les événements du dehors n'exercent sur son sort que l'influence qu'il lui conviendra de leur attribuer. Si les grandes cours continentales, menacées en Pologne et en Italie, se concertent quelquefois timidement pour se défendre, c'est en écartant jusqu'à la pensée d'une attitude agressive. C'est donc des seules inspirations du pays que sortiront ses propres destinées. Elles seront ce qu'il les fera.

Lorsqu'on s'efforce de les embrasser dans le cercle d'une politique conjecturale, trois hypothèses se présentent, dans lesquelles paraissent venir se résumer toutes les chances de l'avenir. Ou la pensée dont l'orateur habituel de Saint-Étienne peut être appelé l'enfant terrible, retrouvera, dans des conjonctures que rien n'indique aujourd'hui, assez de force pour rejeter le gouvernement dans les voies d'une quasi dictature; ou la lèpre du scepticisme, desséchant dans les bas-fonds de la société française ce qui survit encore d'idées et d'inspirations chrétiennes, rendra à la révolution, sous des formes socialistes, la puissance qu'elle a perdue sous sa orme purement politique ; ou bien, enfin, le pouvoir, engageant contre la démagogie une lutte résolue dans laquelle triomphe ne serait possible que par l'énergique concours de toutes les forces conservatrices et libérales, entrera dans les larges voies où ce concours-là s'imposerait comme un devoir à toutes les consciences, et achèvera de transformer une monarchie administrative et militaire en une véritable monarchie constitutionnelle. Réaction contre le décret du 24 novembre, succès électoral de l'esprit révolutionnaire, retour graduel vers la tradition représentative, telle que j'en ai constaté l'existence depuis 1789 jusqu'au second Empire[1] ; à ces trois hypothèses se ramènent tous les problèmes posés devant notre pays et notre temps.

De ces suppositions, la première est celle qui peut le moins nous arrêter. Il faudrait être sous l'empire d'une idée fixe pour espérer faire accueillir jamais par la France, à titre d'organisation définitive, l'espèce de démocratie patriarcale rêvée par M. le duc de Persigny. Sur cette terre des braves, on est capable de bien des choses lorsqu'on a le mal de la peur ; mais fût-on acculé aux dernières extrémités de cette maladie, on ne

[1] Voir l'Appendice à la fin du volume.

prendra jamais au sérieux la nébuleuse utopie où les théories de M. de Bonald viennent se heurter aux inspirations lyriques de Béranger. Lorsque Napoléon a été conduit par ses malheurs et par ses fautes à se mettre à la discrétion de Benjamin Constant pour rédiger l'acte additionnel, il est étrange d'entendre, en présence de ce testament accusateur d'un grand règne, conseiller au fondateur du second Empire l'établissement d'un gouvernement qui serait le contre-pied de celui qu'édictait en avril 1815, entre l'île d'Elbe et Sainte-Hélène, le conquérant désabusé de la gloire, et presque converti à la liberté. Dans la monarchie démocratique, dont le plan est d'ailleurs très-vaguement esquissé par son honorable inventeur, les héritiers de l'Empereur exerceraient en effet, par une sorte de droit imprescriptible, pour ne pas dire de droit divin, une autorité populaire déléguée dont ils ne seraient pas, en fait, plus responsables qu'un père de famille ne l'est devant ses enfants [1].

Si un pareil régime venait jamais à prévaloir dans la France de 89, et si l'Empire enlevait à celle-ci les institutions qu'elle a reçues, voici quatre ans, de son initiative prévoyante, la na-

[1] Discours prononcé à Saint-Étienne le 24 août 1864.

on qui consentirait à sanctionner par la condes-
ndance de ses votes un ordre de choses manifes-
ment contraire à ses convictions les plus per-
stantes, tomberait dans un abaissement moral
ont elle n'aurait plus à se relever. Sur la pente
ui entraîne une société blasée vers toutes les
npudeurs de la sensualité, un régime de publi-
té qui contraint chacun à vivre en présence de
us est, en effet, la seule barrière qui puisse la
rotéger un peu contre ses vices. Si des esprits
evés s'affligent de la situation actuelle de la
resse, malgré les excès auxquels elle a pu s'em-
orter en d'autres temps, c'est qu'ils restent con-
aincus qu'un pays où l'on discuterait tout serait
ncore plus honnête qu'un pays où l'on ne dis-
uterait rien. La fièvre est moins dangereuse
ue la paralysie; et, pour qui le comprend bien,
ı question de la liberté est surtout une question
e morale publique.

Si donc j'étais socialiste, je formerais les vœux
s plus ardents pour le triomphe du pouvoir
bsolu, car je serais fort assuré de m'en porter
ientôt l'héritier. Un pays étiolé par un gouver-
ement qui traiterait en ennemi tout ce qui
ntend relever de soi-même, ne pourrait pas
chapper aux expériences des novateurs, plus
u'un cadavre au scalpel des anatomistes. Le

règne de la démocratie autoritaire signalerait l'avénement prochain de la démagogie victorieuse. En nivelant le sol, le despotisme l'aurait labouré pour l'anarchie, comme, en l'ensanglantant, l'anarchie le prépare toujours pour le despotisme. La première hypothèse vient ainsi se confondre avec la seconde, et toutes deux conduisent à rechercher ce qu'il adviendrait d'une société civilisée en présence d'une majorité socialiste, si le suffrage universel trompait jamais des espérances qui ont déjà perdu quelque chose de leur première vivacité.

Nos huit constitutions successives se sont proposé de déterminer les rapports du pouvoir avec les citoyens dans les actes de leur vie publique. Mais ce serait dans une autre sphère qu'opéreraient, s'ils disposaient jamais d'une majorité législative, les sectaires qui auraient à faire payer à la France le long arriéré de leurs convoitises et de leurs haines, en lui imposant leur pensée sacrée comme une religion, inflexible comme une tyrannie. Sous quelles formes ces nouveaux fléaux de Dieu appliqueraient-ils leurs vues à l'institution de la famille, au régime de la propriété et de l'impôt, aux rapports respectifs des patrons et des travailleurs? Quels dogmes proclameraient leurs prophètes en voie de substituer la morale de l'attrait à la morale du sacrifice, et les découvertes du progrès indéfini aux divines mathématiques, irradiations de l'immuable vérité? Rien de distinct n'apparaît dans les cercles concentriques de la sombre spirale où des idées insaisissables passent et repassent comme des ombres. Il ne s'agit pas cependant d'une vision dantesque, car cette terrible poésie a failli être de l'histoire. Si les rêveries de 1848 ne sont plus enseignées publiquement en France depuis que l'ordre est rétabli dans les faits, le mouvement de la pensée dans les couches inférieures de la démocratie est-il plus régulier et beaucoup plus rassurant? J'en doute fort, et ceux qui accuseront mes paroles ne sont guère plus rassurés que moi-même.

Il n'appartient point aux gouvernements de conjurer de tels périls : ces malfaisantes influences semblent portées, comme les grandes contagions, par le vent qui souffle sur le monde. Toutefois, il serait à souhaiter que le pouvoir ne parût pas quelquefois tendre ses voiles à ce vent-là, comme s'il aspirait à naviguer de conserve avec ses plus mortels ennemis. Au sein d'une société dont les destinées sont remises au suffrage universel, tout effort pour *rationaliser* l'enseignement populaire ne revêtit-il pas par exemple le caractère d'une sorte d'attentat contre la sûreté publique? Si utile que l'instruction primaire soit en elle-même, n'est-il pas manifeste qu'elle profite plus à l'exaltation dans les désirs qu'à la résignation dans les épreuves? On répète un lieu commun admis dans les deux mondes, en disant que cette instruction-là, dispensée dans une démocratie, sans le contre-poids de très-fortes croyances chrétiennes, donne plus de chances aux révolutions qu'à la stabilité. Cet axiome s'impose à l'esprit comme les vérités mathématiques, sans qu'il y ait à le démontrer. Lorsqu'on se prépare à couvrir la surface de l'Empire d'un réseau d'écoles professionnelles, n'est-il donc pas fort étrange de commencer par y fonder des *Cours de morale* à l'usage des classes ouvrières, et que penser du verbeux tissu de banalités anodines, appelé à réveiller le souvenir peu sérieux des prédications théophilanthropiques [1]? Revêtir les professeurs de l'État de la blanche tunique de Laréveillère-Lepaux, et s'efforcer de substituer à la foi religieuse une sorte de foi sociale, serait une chose fort grave, lors même qu'on pourrait commencer par la trouver bouffonne. Ce n'est pas à de pareilles sources que

[1] Circulaire et programme de M. le Ministre de l'instruction publique pour l'enseignement professionnel, 2 novembre 1863.

l'homme s'abreuvera jamais dans les aridités de la vie. Il faut autre chose que des enseignements administrés par circulaire pour calmer les tempêtes de son âme, lorsque le flot des passions projette son écume entre son regard et le ciel.

Que dire aussi de ces volumineux programmes d'histoire contemporaine touchant à toutes les questions qui nous divisent, et dans lesquels les essais les moins éprouvés par l'expérience sont déjà présentés comme des progrès accomplis? Ce n'est pas avec des jugements formulés en maximes d'État sur les choses et sur les hommes de ce siècle qu'on ramènera l'unité dans les esprits et la concorde dans les cœurs. La plus puérile, si elle n'était en même temps la plus périlleuse des entreprises, consisterait à imposer d'office des doctrines à la jeunesse de notre temps. L'orthodoxie officielle est encore plus impossible à constituer en politique et en histoire qu'en religion. La variété des appréciations est la condition fondamentale de l'état social que les révolutions nous ont fait. Contre ce mal-là aucun gouvernement ne possède de panacée, et la liberté seule peut donner le moyen, non de le guérir, mais de le faire supporter.

J'éprouve donc une grande surprise chaque

fois que je rencontre des esprits éclairés persuadés que la France n'a plus rien à redouter du mal sous lequel elle fut si près de succomber, et qui en donnent pour raison que les symptômes de la fièvre qui la dévorait en 1848 ont disparu sitôt que les clubs ont été fermés et que les Tuileries ont été rouvertes. Un pareil diagnostic ne me rassure en aucune façon. Je craindrais même que le malade, dispensé, depuis l'établissement de l'Empire, de prendre désormais cure de lui-même, trouvât, en cas de rechute, moins de ressource dans l'énergie de son tempérament pour réagir contre le principe morbide.

A qui faudrait-il rappeler que l'éclatante victoire de l'opinion conservatrice, après la proclamation de la République fut l'œuvre même des institutions disparues et des mœurs que celles-ci avaient formées? Elle sortit de l'entente établie entre les hommes grandis dans la pratique des affaires, et de la puissance morale qu'ils avaient, malgré leurs fautes, justement acquise et conservée. Depuis que, par la suppression du régime parlementaire, toutes les rivalités ont été taries à leur source, les hommes d'État sont, paraît-il, devenus impeccables. Cette indéfectibilité est d'autant plus heureuse que s'ils avaient encore des torts, ils ne posséderaient plus aucun moyen de les réparer. Reste la question de savoir si le vrai danger pour le pouvoir est aujourd'hui d'avoir à compter avec des personnalités trop puissantes, ou bien de manquer de points d'appui dans les chances obscures de l'avenir.

Une politique ramenée, selon la formule d'une certaine école, à l'unité suivie d'un nombre infini de zéros, serait l'appât le plus sûr à jeter aux espérances socialistes. Le fondateur d'un grand gouvernement ne saurait vouloir ériger le trône d'une dynastie sur un ponton rasé. Si une pareille idée lui était inspirée par ses instincts, il en serait certainement détourné par ses intérêts. La politique de nivellement si longtemps pratiquée par la royauté française a pu lui profiter lorsque les obstacles venaient d'en haut, mais par ce même motif cette politique serait désastreuse lorsque les dangers viennent d'en bas. Dans une monarchie démocratique, détruire les forces indépendantes afin de s'y ménager une action plus facile, ce serait imiter le riverain qui, afin d'étendre son domaine, démolirait les digues qui le protégent contre l'Océan.

Rapprocher du pouvoir par le pressentiment des dangers communs toutes les influences avec lesquelles le pays compte encore, que celles-ci parlent aux intérêts, aux esprits ou aux consciences; concilier ces influences à l'établissement nouveau par des concessions qui rehaussent ceux qui les réclament, en fortifiant l'autorité qui les accorde, ce programme-là vaudrait bien celui d'une lutte à mort poursuivie jusqu'au jour où une génération nouvelle aura répudié les souvenirs de ses pères. De ces deux politiques l'une a été pratiquée par tous les fondateurs d'empires, en remontant jusqu'à Auguste; l'autre est une vision telle qu'il s'en loge dans le cerveau de qui reste étranger à la pensée de son pays pour émigrer dans la sienne. Les gouvernements nouveaux ont plus à se défendre contre leurs amis que contre leurs adversaires. L'Empire, qui a eu l'avantage de s'élever sans le concours d'un parti antérieurement constitué, ne voudra pas sans doute rétrécir ses bases, lorsque ses plus impérieux intérêts lui commandent de les élargir.

Que la proclamation des garanties complémentaires qui nous manquent dût conjurer toutes les chances périlleuses de l'avenir, c'est ce qu'il serait assurément téméraire de prétendre. Mais un acte additionnel au décret du 24 novembre terminerait du moins pour le pouvoir le conflit dans lequel sa pensée politique perd du terrain dans la mesure où la nation se rassure et re-

rend le respect de ses souvenirs. Le jour où la onscience des amis du régime représentatif auait été satisfaite, le pouvoir se rattacherait omme de plein droit ces forces morales qui ont le lest nécessaire de tous les gouvernements éguliers. Alors le moment serait venu d'entaner l'organisation d'une grande démocratie en a hiérarchisant dans le sens de son principe, omme la société féodale du dixième siècle, ien plus troublée que ne l'est aujourd'hui la iôtre, le fut deux siècles plus tard dans le sens t dans l'esprit du sien.

Quand le regard plonge dans l'avenir où se ésoudront tant de problèmes, on éprouve une mpression indéfinissable. Lorsque les compagnons de Colomb, engagés dans l'immensité des ners, virent scintiller sur leur tête des astres iouveaux, ils ressentirent une terreur profonde, erdus qu'ils semblaient être entre la terre dont ls avaient franchi les limites, et celle dont l'exisence ne se révélait encore que par des signes équivoques et des pressentiments incertains. Il en est aujourd'hui de l'Europe comme de l'équipage de *la Pinta*, doutant de son guide, et tout prêt à passer du doute à la révolte. Elle voit s'enfoncer dans les brouillards le vieux monde le l'histoire, de la tradition et du droit, et poursuit sans boussole à travers les tempêtes de vagues espérances qu'il n'est guère moins difficile de préciser que d'accomplir.

La confusion n'est pas moindre dans les idées que dans les faits. Jamais l'humanité n'avait atteint de telles hauteurs par les applications pratiques de la science; jamais elle n'était descendue aussi bas par la perturbation des âmes. C'est de nos jours surtout que Pascal pourrait définir l'homme un monstre incompréhensible par l'excès de sa grandeur et l'excès de sa misère, tant le contraste est saisissant entre ce qu'il sait et ce qu'il ignore. L'homme du dix-neuvième siècle s'est asservi les plus mystérieuses énergies de la nature, et, sans en pénétrer l'essence, il les a transformées en instruments passifs de ses besoins et de ses plaisirs. Sa pensée franchit l'espace aussi rapide que la lumière; une force nouvelle porte à l'extrémité du monde cet héritier d'Adam qui a consommé la conquête de son domaine. Mais celui qui a fait de la vapeur une bête de somme, du soleil un instrument pour dessiner, de l'électricité une branche de l'administration publique, en sait moins sur lui-même que le sauvage de l'Océanie éclairé par la parole d'un pauvre missionnaire. Si vous l'interrogez sur ces matières-là, et qu'il ait oublié son catéchisme, il vous répondra qu'issu d'un singe ou d'un poisson, il est appelé à passer bientôt de ce monde, où il fut jeté par hasard, dans la nuit de l'éternel repos, à moins toutefois qu'il ne ressuscite dans sa basse-cour, ou qu'il n'aille pérégriner de planète en planète. A ces perspectives pythagoriciennes rajeunies par des mystiques qui déclarent le christianisme trop vieux, se ramènent, en effet, toutes les découvertes des révélateurs contemporains. Posez à ce maître de la science et de l'industrie, auquel les éléments obéissent, les questions les plus essentielles à la direction de sa vie, il confessera, s'il est sincère, que le doute a vaincu cette fière intelligence qui dompte la terre et pèse les cieux.

L'ébranlement imprimé à l'esprit humain depuis la réforme, l'influence exercée par la philosophie d'outre-Rhin sur la rectitude du génie français, ont conduit, en Europe, quiconque n'allume pas son intelligence aux clartés du Calvaire, à ne plus posséder aucune idée précise, ni en métaphysique, ni en théodicée, ni même en morale. Il n'est désormais aucun point d'arrêt solide entre le christianisme par lequel l'humanité croit et respire, et le panthéisme, masque hypocrite du sceptique et de l'athée. Or, le propre du panthéisme, c'est de déterminer une sorte d'impuissance invincible pour rien affirmer, même dans l'ordre purement rationnel, et d'étendre son influence jusque sur ceux qui protestent le plus sincèrement contre elle.

Si ces fiers aveugles, dont l'intelligence ne doute pas moins d'elle-même que de tout le reste, ont encore des perceptions nettes dans l'ordre des devoirs personnels, c'est que le christianisme, obscurci dans les intelligences, continue à vivifier les mœurs, le précepte survivant à la foi comme la chaleur à la flamme qui l'a produite.

Un bouleversement social, dont il est à peine possible de mesurer l'étendue, résulterait donc de la substitution du naturalisme à l'inspiration chrétienne, dans l'économie civile et domestique. Ce serait là une révolution auprès de laquelle toutes celles qui ont changé la face du monde n'auraient été que jeux d'enfants. Et pourtant, cette substitution, qui, au simple point de vue de la sécurité publique, semblerait devoir faire courir dans tous les cœurs un frisson d'épouvante, est l'objet des efforts les plus soutenus dans certaines contrées de l'Europe, où elle ne paraît pas fort éloignée de s'accomplir. On la prépare en Allemagne par le mysticisme scientifique, en Italie, par le mysticisme politique.

nfin, le travail qui s'opère au sein de nos po-ulations conduit à se demander ce qu'il advien-ra pour la France de cette diminution générale es vérités sur la terre, et de ce qu'on pourrait ommer la raréfaction de l'atmosphère chré-enne.

Si l'accord des vérités révélées avec les don-ées de la science est en voie de s'opérer dans la aute sphère des intelligences, les tendances ontraires sont évidentes au sein des masses où ı tradition chrétienne est parfois interrompue ès le berceau, et qui sont le point de mire de outes les batteries du scepticisme, depuis le sa-oir frelaté jusqu'à la sensualité provocatrice. ors donc qu'on médite sur le sort de cette ieille Europe soumise à une expérience ter-ible, où toutes les nouveautés sont des redites, t dont les prétendus prophètes n'ont plus d'au-orité que pour détruire, on rencontre forcément ne question vers laquelle ramènent toutes les ıcertitudes de l'esprit et toutes les angoisses du œur.

Qui l'emportera, dans le duel engagé entre ı nature et Dieu, entre l'éternité de l'une et ı personnalité de l'autre? Le panthéisme pé-étrera-t-il les mœurs et les idées; le dogme hrétien triomphera-t-il une seconde fois de ce néopaganisme ressuscité? Tous les problèmes s'effacent aujourd'hui devant celui-là.

Ceux qui ne s'en inquiètent pas pour leur propre compte sont conduits à reconnaître que Dieu s'est ménagé dans les événements la place qu'on lui refuse dans les idées. C'est parce qu'à l'heure où nous sommes, toute question politique aboutit à une question sociale, et toute question sociale à une question religieuse, que ce qui touche au sort du christianisme dans les deux mondes, à celui de l'Église romaine, en particulier, vient s'imposer avec une autorité irrésistible à l'indifférence des hommes d'État européens. Quel signe du temps plus manifeste que l'universelle émotion entretenue par le sort d'un vieillard régnant sur des tombeaux! Comment, dans nos jours d'indifférence, les princes sont-ils plus compromis par un conflit avec la Papauté que sous la monarchie très-chrétienne, depuis Philippe le Bel jusqu'à Louis XIV? De beaux-esprits se complaisent à dresser la longue liste des entreprises faites sur le temporel du Saint-Siége, et s'étonnent qu'on n'ose plus, après la Révolution et après Voltaire, affronter des anathèmes devant lesquels on ne reculait pas toujours dans des temps plus religieux. Un tel phénomène a de quoi les surprendre, en effet, et ns leur donner accès dans le monde supérieur rmé à leur fatuité confiante, il pourrait au oins leur faire comprendre qu'il existe dans s régions-là tout autre chose que ce qu'il leur nvient d'y chercher.

Dans le cours de cet écrit, j'ai dû énoncer plus une conjecture sur le régime politique réservé l'Europe nouvelle. Si incertaines qu'elles fusnt, ces conjectures se basaient sur des analoies historiques ou sur certains faits déterminés, ır les sociétés démocratiques ont leurs lois; et prédominance des intérêts industriels, dans s grandes civilisations, engendre des conséuences presque mathématiques. Mais il n'en est as ainsi dans l'ordre religieux, celui-ci procéant de lois providentielles que les hommes ıbissent sans pouvoir les modifier, et qui ne ur sont connues que dans la mesure où elles ur ont été révélées.

On peut donc appuyer de motifs également ausibles les conjectures les moins concordantes ır l'ère nouvelle qu'un voile épais dérobe à nos gards. Quel caractère religieux revêtira-t-elle que faut-il en attendre? Si Dieu a promis à Église d'entrer vivante dans l'éternité, il lui a issé pressentir autant de défaites que de vicires, et la pourpre des martyrs est l'ornement le plus ordinaire de ses autels. La nef, dont l barque de Génésareth fut le sacré symbole, n périra pas sous les flots; mais peut-être tou chons-nous, en Europe, à un obscurcissemen passager de la grande lumière, et notre raiso se verra-t-elle condamnée à l'épreuve terribl de son triomphe. On demeure saisi d'épouvant à la pensée d'une pareille victoire, dans u temps où l'intelligence de l'homme est si obs curcie et sa puissance matérielle si formidable Dans ces profondeurs où le regard s'abîme, a sein de ces deux cités mystiques héritières d tous les empires détruits, le bien et le mal sem blent revêtir des proportions également colos sales. On peut entrevoir une sorte de barbari savante, durant laquelle les hommes, maîtres de plus secrets ressorts de la nature, en feraient le instruments de leurs passions dilatées par u orgueil sans limite comme leur puissance. O peut attendre également, sur des indices no moins sérieux, un épanouissement nouveau d l'idée chrétienne au milieu des peuples dont l'u nité est visiblement préparée depuis que l temps a triomphé de l'espace.

Dégagé désormais de tous les intérêts passa gers, l'esprit chrétien, qui est la lumière d monde, lors même que le monde ne le connaî as, enfante de nos jours, dans l'obscurité dont s'enveloppe, des miracles de charité. Aussi ombreuses que dans les siècles les plus fervents, es œuvres se transforment avec nos misères et os besoins ; et jamais peut-être, dans la partie e la société dont elle est restée l'âme, la religion 'est entrée plus profondément dans l'essence nême de la vie. D'un autre côté, que faut-il au lergé de notre temps, pour reprendre une inluence peut-être prépondérante sur la démoratie dont il est l'expression la plus pure ? Chercher sa force où elle est, en cessant de la demaner à des idées qui ne lui ont apporté que déeption et faiblesse.

Monarchique par sa constitution, l'Église est lémocratique par son esprit. Elle prend ses ninistres à la charrue, et la plupart de ses grands hommes ont rehaussé leur gloire par 'humilité de leur origine. Rien ne séparera lonc de la société contemporaine l'émancipa-rice des esclaves et la tutrice des pauvres, orsqu'elle aura une fois bien compris que, s'il ui reste désormais peu de concours à attendre les gouvernements, elle peut encore beaucoup spérer des peuples. Prendre sur eux son point l'appui, en sachant à la fois les défendre et les edresser, telle a été sa tradition constante dans toutes les phases de l'histoire, sous les sophistes couronnés de Constantinople comme sous les tyrans féodaux du Saint-Empire.

Le clergé a pu éprouver un regret fort naturel en voyant se rompre, à la fin du dernier siècle, entre l'Église et l'État, une association doctrinale aussi légitime sous l'empire d'une foi commune, qu'elle serait désastreuse dans la situation actuelle des esprits et des gouvernements en Europe. Mais de tels regrets ne sauraient le détourner du devoir d'assister la société dans une épreuve décisive ; il connaît trop ses obligations envers elle pour subordonner son concours à des conditions théoriques d'une application visiblement impossible, et ne se montrera pas plus inexorable envers son temps que l'Église ne l'a été pour tous ceux à travers lesquels elle a passé en faisant le bien, depuis les jours de Néron jusqu'à ceux de Louis XV. Qu'une illumination du génie, partie du siége indéfectible où Dieu fit asseoir tant de grands hommes, rende à l'univers les lumineuses perspectives quelquefois entr'ouvertes, comme par un coup de foudre, au sein des ténèbres les plus épaisses, et de vaines chimères ne tarderaient pas à s'évanouir devant la vérité, comme des brouillards devant le soleil.

Ici, l'esprit s'arrête suspendu entre l'espoir et la

crainte, en face d'une prévision dont l'accomplissement signalerait une des plus grandes époques de l'humanité. La foi s'illuminant de nouvelles clartés par le progrès des sciences si longtemps ameutées contre elle ; le retour au centre de l'unité des branches dissidentes, où la séve ne coule plus, et que sollicitent avec une puissance égale l'affirmation dogmatique et la négation absolue ; l'accord de l'Église avec la liberté loyalement pratiquée, après de si longues et si légitimes suspicions : de telles choses ne suffiraient-elles pas pour marquer d'une empreinte sacrée le siècle qui les verrait s'accomplir ? Indiquer de pareilles espérances peut aujourd'hui sembler une témérité, et leur expression doit en ce moment provoquer quelques sourires ; mais les voies de Dieu ne sont pas les nôtres ; et, dans l'histoire de l'Église, l'action providentielle a plus souvent qu'ailleurs de ces soudainetés qui déroutent les conjectures et confondent la prudence.

Quelles conséquences n'entraînerait pas dans l'ordre politique un pareil réveil, opéré en face de la critique contemporaine, comme un retour offensif de la pensée divine reprenant possession de l'intelligence humaine épuisée par un commerce stérile avec elle-même ? Si l'on écarte une telle perspective, et si nos sociétés malades sont condamnées à ne rien attendre que d'elles-mêmes, l'esprit le plus intrépide dans l'espérance ne trouve plus où prendre pied au-dessus du grand abîme. Là où tout s'efface, Dieu seul peut écrire. Sa langue a l'incommunicable privilége d'être toujours ancienne et toujours nouvelle, et d'enseigner aux hommes des vérités immuables comme lui, sous des formes aussi diverses que leurs besoins, aussi variables que leurs pensées. Le problème de l'avenir consiste à associer des forces et des idées réputées inconciliables ; son œuvre, c'est de fonder la vraie philosophie de la nature sur la base du christianisme, dont le caractère divin n'est logiquement admissible qu'au sein d'une Église infaillible interprète de ses dogmes comme de ses lois. Dans cette haute synthèse, les intelligences pourront enfin trouver la lumière, les âmes, la paix, et les intérêts, cette sécurité dont ils ignorent les conditions véritables.

Il ne s'agit, en ceci, ni de confondre l'erreur avec la vérité, ni de poser, avec les docteurs de l'identité, une odieuse équation entre des idées qui s'excluent essentiellement. Mais, si Dieu renouvelle encore une fois la face du monde par l'esprit de lumière et de paix, on ne s'aventure pas en disant que les penseurs et les publicistes auront alors à décrire un cercle assez vaste ɔour que les doctrines politiques aujourd'hui ɔonsidérées comme ennemies soient fort surɔrises d'y rencontrer chacune sa place. Nos en'ants comprendront mieux que nous n'avons pu e faire dans l'ardeur de nos luttes, que la préention d'appliquer des théories absolues à des 'aits qui ne les comportent pas a été l'une des lispositions les plus regrettables des deux derıières générations. Ils laisseront aux intérêts, lans le domaine des choses contingentes, la part jue leur refuse la logique mise au service de 'inexpérience ou de la passion; enfin, en dehors le la sphère des vérités immuables, ils tiendront es transactions pour les plus durables des vicoires.

L'harmonie est aussi naturelle entre l'ordre et a liberté qu'entre l'intelligence et la foi, puisque, ;ans cet accord, l'homme demeure une énigme nsoluble pour lui-même. Mais, de ce qu'une pa'eille harmonie constitue l'état normal de l'huıanité, doit-on aller jusqu'à la déclarer probable et jusqu'à saluer avec confiance l'avenir jui s'avance? De ce qu'il n'est point interdit l'espérer, faut-il inférer qu'il n'y a pas beaucoup ı craindre? Je n'ai garde de le dire. Si l'on s'en enait aux vraisemblances, les mauvaises chances ;eraient aujourd'hui plus apparentes que les favorables, car le monde, dans ses ombres, semble toucher au crépuscule plus qu'à l'aurore. Tout y est vieux, depuis les choses qui s'en vont jusqu'aux rêveries de novateurs sans génie, et les vérités nouvelles ne se montrent pas plus en plein soleil qu'elles ne se cachent aux catacombes. Dans le chaos où les institutions s'écroulent avec les croyances, un seul sommet se détache dans la nuit et réfléchit encore la lumière : *Les yeux se lèvent vers la montagne d'où viendra le secours*[1]. La pensée qui a vaincu le monde est seule assez vivante pour en raffermir les fondements. La vraie question posée à l'Europe par le sphinx qui l'interroge au bord d'un gouffre entr'ouvert est donc celle de savoir si l'homme pourra désormais se passer de Dieu, ou si Dieu s'inclinera de nouveau vers l'homme, après que celui-ci aura reconnu le peu qu'il est.

[1] Ps. cxx, 1.

APPENDICE

LA

TRADITION CONSTITUTIONNELLE

EN FRANCE

DEPUIS 1789 JUSQU'AU SECOND EMPIRE [1]

La Révolution française a peut-être moins à se plaindre des hommes qui l'ont compromise par leurs fautes que des historiens qui ont prétendu transformer ces fautes en services. De dangereux apologistes se sont efforcés d'établir une étroite solidarité entre les idées proclamées à cette époque et les violences qui en déterminèrent le triomphe. De là l'alternative imposée aux générations futures de tout accepter dans ce terrible drame comme légitime, ou de tout y répudier comme odieux. L'école monarchique dont

[1] Ce travail a paru dans la *Revue des deux Mondes*, n° du 1er novembre 1863. Il embrasse la filiation historique des idées développées dans *l'Europe et le second Empire*; mes lecteurs trouveront donc naturel que je le reproduise à la suite de cet écrit, lors même qu'ils pourraient y rencontrer quelques répétitions.

l'auteur de la *Législation primitive* fut le chef, considérant l'œuvre de 89 comme incompatible avec les lois naturelles des sociétés humaines, n'admet pas que des doctrines radicalement fausses puissent profiter même indirectement aux nations. L'école démagogique maintient que, dans la lutte à mort engagée pour la conquête du droit nouveau, les moyens, ne pouvant être séparés du but, restent couverts par l'inviolabilité départie à toutes les œuvres nécessaires. Aux yeux des uns, la Révolution fut donc maudite jusque dans le bien; aux yeux des autres, elle demeura consacrée jusque dans le mal.

Cependant les publicistes qui ont cherché des excuses pour tous ses grands attentats n'en ont pas su trouver pour ses petites fautes. Les hésitations assez naturelles de la France au milieu d'épreuves redoutables, ses temps d'arrêt sur une route semée d'écueils, n'ont obtenu de leur part ni indulgence ni merci. Ils n'ont pas compris que la nation avait pu, sans abjurer ses espérances, se dérober par certaines inconséquences dans la conduite aux périls que semblait lui préparer une logique inflexible. Chaque fois qu'il est arrivé au pays de demander à un pouvoir énergique un abri momentané contre l'anarchie, soit qu'il en eût subi ou qu'il en redoutât l'étreinte, on a transformé ces concessions passagères, inspirées par le soin de ses intérêts ou par le souci de son repos, en désaveu solennel de ses principes. En signalant ces défaillances, les dévots de la démocratie ont pris d'ailleurs grand soin de les imputer toujours à l'égoïsme des classes élevées. Ces fiers prophètes écrivaient encore en 1851 que, si la bourgeoisie, corrompue par l'éducation, la fortune et le monopole électoral, était en France capable de tout, on n'y verrait jamais les masses, inspirées par une sorte d'instinct divin, s'incliner sous le despotisme pour voiler, ne fût-ce qu'un jour, la statue de la liberté !

J'ignore si l'on persiste dans ses admirations et dans ses haines. Quoi qu'il en soit, il appartient aux hommes demeurés étrangers aux unes comme aux autres de rétablir sur l'esprit de la Révolution française et sur la permanence de ses aspirations politiques la vérité, défigurée par l'esprit de secte. Si l'on porte quelque liberté d'esprit dans l'appréciation des faits innombrables écoulés depuis les élections pour les états généraux en 1789 jusqu'aux récentes élections de 1863, on se convaincra que nos pères n'avaient pas, sur les questions constitutionnelles aujourd'hui controversées, un avis fort différent du nôtre, et que les vœux sont restés les mêmes dans les conditions et sous des formes très-différentes.

La France a manqué de courage plutôt que de persévérance dans ses opinions ; elle a moins changé d'avis que d'attitude, et lorsqu'on néglige les apparences pour aborder le fond des choses, on arrive bien vite à se convaincre que ce pays s'est donné plus de mouvement qu'il n'a parcouru de chemin. Rechercher ce qu'il a toujours souhaité est peut-être la voie la plus sûre pour pénétrer ce qu'il souhaite encore. Il y a sur ce point-là, dans l'histoire de nos soixante-dix dernières années, une tradition dont la puissance serait irrésistible, si elle était mieux connue. Ne permettons pas qu'on la méconnaisse, ne souffrons pas surtout qu'on la divise. *Quod semper, quod ubique, quod ab omnibus* : il faudrait appliquer cette règle-là en matière de témoignage. Rappelons donc ce que voulaient et ce que demandaient nos pères, afin de nous confirmer nous-mêmes dans la conscience de notre droit, et voyons si les faits aujourd'hui accomplis sont incompatibles avec les vœux consacrés par l'autorité de trois générations.

I

Complément du travail accompli par les siècles au sein de l'Europe chrétienne, la Révolution française fut une œuvre purement politique, malgré les efforts puérils tentés afin de transformer le Jeu de Paume en Sinaï et de déguiser Mirabeau en Moïse. Les premiers instigateurs du mouvement de 89, professant les opinions religieuses les plus opposées, n'eurent jamais la prétention d'apporter au monde une solution nouvelle des grands problèmes élucidés par le christianisme. Si d'implacables passions firent pénétrer la révolution dans la sphère des consciences, qu'elle avait déclarée inviolable, cette ingérence vint signaler la première et la plus périlleuse violation de ses principes. Les deux cents curés qui décidèrent la victoire de l'assemblée nationale par leur réunion aux députés du tiers état après la déclaration royale du 23 juin ne soupçonnaient pas qu'en prêtant le serment de donner une constitution à la monarchie, ils protestaient contre la chute d'Adam, et qu'ils préparaient, comme cela a été doctement démontré, la réhabilitation de la chair, depuis dix-huit siècles opprimée par l'esprit !

Mais si l'œuvre de 89 ne revêtit aucun caractère dogmatique, elle eut certainement une portée morale qui ne s'était revélée dans aucun autre événement. Ni les luttes de la suzeraineté royale contre la féodalité, ni celle des grands municipes de l'Italie, n'avaient soulevé durant le moyen âge de questions où le sort du monde se trouvât aussi profondément engagé. Dans les temps modernes, les conflits de la couronne et de l'aristocratie britanniques n'avaient en dehors de l'Angleterre remué aucune passion ni suscité aucune espérance ; enfin, quoique la récente insurrection de l'Amérique eût éveillé de généreuses ardeurs dans la jeune noblesse française, l'humanité tout entière ne pouvait associer son avenir à la cause de ces planteurs, aussi résolus à maintenir l'esclavage dans leurs domaines qu'à se séparer de la mère patrie.

Il appartenait à la race la plus logique dans ses

idées, la plus capable de se dévouer pour leur triomphe, de préparer l'avénement d'une pensée assez sympathique pour être comprise de tous les peuples, assez puissante pour renouveler la face du monde. Constituées par la conquête, composées de races juxtaposées sans être encore confondues, les vieilles sociétés européennes étaient appelées à suivre de loin la France dans les applications de cette rigoureuse géométrie sociale qu'une génération pleine de confiance faisait succéder tout à coup au régime fondé sur les accidents de l'histoire.

Instituer par l'élection une vaste hiérarchie mobile, donner au pouvoir la volonté nationale pour titre, la publicité pour moyen, les citoyens les plus éclairés pour agents et pour contrôleurs : sur ces deux bases s'éleva l'œuvre fondée par nos devanciers et continuée par nous-mêmes. S'ils rencontrèrent devant eux beaucoup de difficultés qui nous sont épargnées, ils n'eurent point à défendre l'intégrité de leur pensée contre ceux qui semblent aujourd'hui vouloir l'embrasser pour l'étouffer. On n'estimait pas possible, aux premiers temps de la Révolution, de diviser les termes moralement inséparables du même problème en appliquant l'égalité dans l'ordre civil sans la liberté dans l'ordre politique. Nul ne songeait à constituer une grande démocratie sur une sorte de dictature populaire, en refusant à la société ainsi façonnée tout moyen pour se hiérarchiser elle-même par l'autorité des lumières, le prestige naturel des grands services et des grandes renommées. Ce n'était pas afin de substituer au régime de Versailles celui de Constantinople que la France prodiguait alors son âme et son sang.

On calomnie dans sa tombe cette noble génération, lorsqu'on laisse entendre qu'elle aurait fait bon marché de l'intervention du pays dans ses propres affaires, si l'on avait concédé tout d'abord à sa vanité l'abolition des priviléges qui séparaient les diverses classes de citoyens. La nuit du 4 août 1789 ne termina point la Révolution, quoiqu'une heure d'entraînement, digne de tous les respects de l'histoire, eût renversé du même coup, avec les anciennes barrières entre les trois ordres, les distinctions les plus naturelles entre les familles et les particuliers. Parce que MM. de Montmorency avaient consenti à s'appeler MM. Bouchard, et que Louis XVI avait rendu hommage à la souveraineté nationale, personne dans l'Assemblée constituante n'imagina possible de remettre sans contrôle le gouvernement de la France au royal représentant qui reconnaissait tenir de la nation son titre et sa puissance. Avec quelle indignation le pays n'aurait-il pas accueilli l'idée de faire suivre la proclamation de sa propre souveraineté de celle de son abdication !

Ces temps orageux furent féconds en grands crimes; mais la honte de ressusciter les maximes qui rencontraient faveur sous Tibère leur a été du moins épargnée. Il me semble entendre Mirabeau et Barnave faisant rentrer sous terre nos théoriciens du Césarisme. Je crois voir ces illustres morts, sans en séparer ni les Mounier, ni les Lally, ni les Cazalès, se soulevant à la seule pensée d'assigner la date la plus honteuse de l'histoire pour le terme définitif du grand mouvement dont ils furent les victimes, sans en avoir jamais été les calomniateurs. Aux assertions émises de notre temps par quelques publicistes de la *démocratie autoritaire* (c'est ainsi, je crois, qu'ils se qualifient), ils auraient tous répondu qu'en affrontant la tempête où la plupart d'entre eux laissèrent leur vie, ils aspiraient surtout à créer pour leur pays des mœurs publiques en provoquant la France à intervenir dans ses propres affaires par l'action permanente de sa pensée. Une telle intervention peut seule en effet élever les esprits et les cœurs, car elle associe au respect du droit d'autrui l'instinct salutaire de la responsabilité. Le plantureux régime de la stabulation, lors même que le troupeau aurait acquis le droit de choisir son berger, ne saurait valoir pour une nation, à quelque prospérité qu'il la conduise, l'usage quelquefois hasardeux, mais toujours moralisateur, de sa propre liberté. Assignez telle origine qu'il vous plaira au pouvoir absolu, substituez le texte d'un plébiscite au dogme de la légitimité : si le pouvoir demeure sans frein contre ses propres entraînements, ces formules ne changeront rien au fond des choses, et la nature humaine persistera en dépit des théories. Louis XIV et Napoléon Ier, encore que leur puissance émanât d'un principe contraire, ont rencontré les mêmes tentations et fait échouer leur pays sur les mêmes écueils.

Les cahiers des Bailliages attestent avec quelle impatience la France, qui avait peut-être plus souffert du gouvernement des grands princes que de celui des princes médiocres, attendait l'organisation définitive d'un pouvoir inspiré par la pensée du pays et contrôlé par ses légitimes représentants. La lecture de ces importants témoignages démontre que le désaccord naturel entre trois ordres sauvegardant des intérêts différents n'affectait pas l'unanimité des vœux touchant les principes généraux de la future constitution politique. C'est ainsi, par exemple, que la doctrine de l'inviolabilité royale et de la responsabilité ministérielle est exposée dans les cahiers des trois ordres, et plus spécialement dans ceux de la noblesse, avec une insistance et une précision qui donnent aux rédacteurs de ces documents une avance singulière sur certains publicistes de la démocratie contemporaine. Enfin la liberté de la presse est envisagée par la plupart des Bailliages comme l'instrument nécessaire de tout gouvernement représentatif, à ce point que le clergé lui-même, en réclamant une protection spéciale pour les dogmes catholiques, reconnaît qu'en matière administrative et politique cette liberté devient la sanction et la garantie indispensable de toutes les autres [1].

[1] Voyez le rapport du comte de Clermont-Tonnerre sur les

Malheureusement, au sein de l'Assemblée nationale, le souvenir des mandats et la rectitude des instincts ne tardèrent pas à s'obscurcir dans l'entraînement de la lutte, et bientôt les principes ne persistèrent que pour demeurer dans l'histoire l'éclatante condamnation de la conduite. Les fautes de la Constituante n'enlèvent rien cependant à l'autorité de ses maximes ; et pour peu qu'on sache séparer celles-ci des formes dont les revêtit une inexpérience alors générale, on arrive à reconnaître qu'il n'est aucune idée féconde admise depuis par le sentiment public dont cette grande assemblée n'ait eu l'intuition prématurée.

En droit politique, elle a défini la loi l'expression de la volonté générale, et proclamé le droit pour tous les citoyens de concourir à la formation de cette volonté par le vote de leurs représentants. On sait que la législation qui présida successivement à l'élection de la Constituante, de l'Assemblée législative et de la Convention s'inspira de ce principe, qui prévalut, avec des modifications secondaires, jusqu'à l'octroi de la charte de 1814. Cette législation attribuait le droit de suffrage à tous les citoyens actifs, c'est-à-dire à tous ceux qui n'étaient ni serviteurs à gages ni mendiants, et remettait l'élection politique à des électeurs d'un degré supérieur choisis par ceux

vœux énoncés aux cahiers, 27 juillet 1789, et l'analyse de ces cahiers dans l'*Histoire parlementaire de la Révolution*, par MM. Roux et Buchez, t. I, p. 222-253.

du premier dans la proportion d'un pour cent parmi les propriétaires d'un bien de la valeur de deux cents journées de travail[1].

En droit administratif, la Constituante ne sépara jamais la liberté municipale de la liberté politique, ni la gestion des affaires locales de la conduite des grands intérêts nationaux. Si elle découpa la France en cases d'échiquier pour constituer les départements et les districts, c'est qu'il fallait faire table rase, afin d'amener les pays d'états et les généralités à vivre sous une législation commune. Comment méconnaître les incompatibilités profondes entretenues entre toutes les provinces par l'esprit inquiet des parlements, non moins hostiles à la liberté qu'au pouvoir, et qui, vers la fin du XVIIIe siècle, avaient éteint presque partout jusqu'au dernier souffle de la vie municipale? Ajoutons, pour expliquer sans l'excuser le caractère beaucoup trop radical de cette transformation, que ces grands corps qui venaient, sous le récent ministère de Turgot, de se montrer les ennemis implacables des réformes même les plus nécessaires, auraient opposé à l'action de l'assemblée des résistances peut-être invincibles, si leur puissance mal définie n'avait disparu dans le morcellement général du territoire.

En droit constitutionnel, les dix-sept articles inscrits en tête de l'acte fondamental sous le titre fa-

[1] Constitution du 3 septembre 1791, titre III, sect. II.

meux de *Déclaration des droits* constataient l'esprit sincèrement libéral qui animait alors la nation, et ne laissaient aucun doute sur sa volonté formelle de restreindre la sphère des droits de l'État en élargissant successivement celle des droits individuels. « La liberté consiste, disait l'article 4, à pouvoir faire tout ce qui ne nuit pas à autrui, et l'exercice des droits naturels de chaque homme n'a de bornes que celles qui assurent aux autres membres de la société la jouissance de ces mêmes droits. » La déclaration établissait comme un axiome que « la libre communication des pensées et des opinions est un des droits les plus précieux de l'homme. » Dans l'ordre moral, elle proclamait l'incompétence absolue de l'État en matière religieuse, incompétence qui demeure en effet la seule garantie possible de la liberté de chacun au sein des sociétés où l'unité de croyances a péri.

Enfin, en droit international, la Révolution française professait à son origine le respect le plus profond pour les traités et pour la situation territoriale réglée par eux. Sans soupçonner la lutte à mort qu'elle allait engager bientôt contre tous les gouvernements réguliers, elle formait alors, malgré des excitations déjà très-vives, les vœux les plus sincères pour le maintien de la paix extérieure. Appuyée sur la toute-puissance du droit, dont elle se considérait comme l'expression la plus élevée, la Constituante ne se préoccupait que de l'influence de ses idées, et tenait cette influence pour irrésistible en Europe aussi bien qu'en France. Peut-être n'y a-t-il jamais eu d'époque où le pays, possédé tout entier d'une ambition plus généreuse, ait moins souhaité l'extension de ses frontières. Si l'abbé de Saint-Pierre avait assez vécu pour devenir membre de l'assemblée, il en aurait assurément présidé le comité diplomatique.

Tel était le corps de droit public émané de la Révolution française à son aurore. Qu'on le repousse comme erroné, cela peut se comprendre : j'ajoute que, lorsqu'on croit avoir raison contre son pays et contre son temps, on a du moins, en le déclarant, le mérite du courage. Mais ce qui serait plus étrange, ce serait la prétention de se couvrir du drapeau de 89 pour tronquer des idées logiquement indivisibles, ce serait surtout l'espérance de pouvoir appliquer à la famille les doctrines qu'on hésiterait à consacrer pour l'État. Il n'a pas été difficile d'établir la connexité des idées qui se rattachent à la grande date de 89 dans l'ordre politique et civil ; il ne le sera pas davantage de prouver que depuis près d'un demi-siècle ces idées ont persisté dans la conscience publique à travers des transformations nombreuses et d'apparentes contradictions.

II

Durant la crise où fut engagé le sort de la France depuis les premiers jours de la Révolution, les châtiments suivirent les fautes aussi promptement que les fautes elles-mêmes sortirent de la violation des principes. Il n'a jamais été plus facile à l'historien de remonter des effets aux causes et des actes aux personnes, en marquant au front les coupables. Bien loin que les attentats de ces déplorables temps soient protégés, comme on s'est complu à le dire, par une sorte de fatalité, il n'est pas un des grands périls publics qui ne trouve sa cause dans une machination antérieure, et pas un crime politique qui ne soit sorti d'un odieux calcul. Qu'on suppose la Révolution française assez modérée et assez honnête pour faire toujours profiter ses adversaires du bénéfice de ses propres doctrines, et l'on sera conduit à reconnaître qu'elle aurait triomphé à peu près sans lutte malgré la perturbation profonde apportée par la législation nouvelle dans les existences et les intérêts.

La Constituante n'avait-elle pas en trois mois passé le rouleau sur une société vieille de dix siècles? N'avait-elle pas effacé d'un trait de plume toutes les distinctions qui, la veille encore, séparaient les terres comme les personnes, réuni les biens du clergé et des ordres religieux au domaine de l'État, dépouillé la noblesse, par l'abolition de toutes les redevances d'origine féodale, d'une part notable de sa fortune? N'avait-elle pas fait du successeur de Louis XIV un simple fonctionnaire public, en réclamant pour elle-même tous les droits avec tous les honneurs de la souveraineté ? Ce bouleversement, le plus prodigieux qu'ait vu le monde, ne s'était-il pas accompli en moins d'une année en présence de quelques protestations impuissantes et à peine remarquées ?

L'étude des événements démontre que, malgré des irritations fort naturelles au sein des deux premiers ordres dépouillés, cette transformation générale n'aurait déterminé aucune résistance armée, ni rencontré jusque dans ses applications extrêmes aucun obstacle avec lequel il y eût à compter, si, par une éclatante et à jamais funeste dérogation à ses propres doctrines, l'Assemblée nationale n'était venue en 1790 se heurter gratuitement et à plaisir contre la barrière des consciences. La constitution civile du clergé, émanée des vieilles haines du jansénisme, accueillie par les philosophes avec une indifférence dédaigneuse, remua jusqu'aux abîmes un sol qu'avait à peine ébranlé la chute de l'ancienne monarchie. La présence de deux clergés, l'un dépouillé, l'autre spoliateur, provoqua la guerre civile, et de la guerre civile sortit, avec la permanence des fureurs populaires, un appel également permanent à la force. Atteinte la première, la liberté religieuse se redressa dans son indomptable énergie ; et la Révolution, qui n'avait fait jusque-là que des mécontents sans puissance, se vit enfin en présence d'ennemis en armes, à la grande joie des hommes qui lui souhaitaient de grands périls afin de la provoquer à de grands crimes.

La Constituante dut consacrer dès lors la dernière partie de sa carrière à lutter sur presque toute l'étendue du territoire et jusque dans son propre sein contre les insolubles difficultés évoquées par elle-même. L'Assemblée Législative lui était trop inférieure en talents pour ne pas vouloir la dépasser par ses témérités. Elle entra résolûment dans la détestable politique qui consiste à élever devant soi des obstacles, afin de justifier la violence par le danger. La Constituante avait préparé la guerre civile sans la vouloir ; la législative suscita sciemment la guerre étrangère par des provocations froidement calculées qui rendaient la lutte inévitable ; et la paix fut rayée, avec la liberté religieuse, du programme sorti naguère du cœur de la nation le jour où il s'était ouvert à toutes les nobles espérances.

Les artistes ambitieux qu'une loquacité brillante mit à la tête d'une assemblée dont les constituants avaient commis l'irréparable faute de s'interdire l'accès, voulurent systématiquement la guerre. Ils la préparèrent de sang-froid, parce qu'elle leur présentait la double chance de faire autrement que leurs prédécesseurs, ce qui les touchait beaucoup, et de s'imposer à Louis XVI, ce qui les occupait encore davantage. Cet honnête calcul ne leur réussit qu'à moitié : aussi la Gironde prit-elle le parti de se faire républicaine sitôt que le malheureux roi eut refusé de se faire girondin. Ne pouvant servir le trône, il lui parut naturel de le renverser. Les girondins se crurent des Machiavels lorsqu'au lendemain du 10 août, Mme Roland se trouva reportée dans son boudoir si regretté du ministère de l'intérieur par le même boulet de canon qui avait jeté Danton au ministère de la justice. Mais cordeliers et jacobins entretenaient pour leurs alliés beaux esprits le dédain ordinaire des hommes d'action pour les hommes de parole, dédain qui fut bientôt justifié par la facilité que rencontrèrent les chefs de la multitude à triompher des chefs de la Convention. A la guerre restreinte provoquée par les girondins contre les deux cabinets allemands, alors profondément divisés, les jacobins travaillèrent à substituer la guerre générale, dans la pensée très-arrêtée de placer la France entre sa perte inévitable et les fureurs de son désespoir. Le procès fait à Louis XVI leur parut un moyen sûr pour contraindre les cabinets demeurés spectateurs de la lutte à quitter la neutralité ; ils le considérèrent surtout comme devant rendre impossible une paix secrètement souhaitée par la Prusse comme par l'Autriche. Ils entamèrent donc cette œuvre d'iniquité non pas pour défendre la Révolution contre l'Europe, mais pour armer l'Europe contre la Révolution ; ils la conduisirent jusqu'à son issue sanglante, afin de placer les girondins entre un grand crime et un grand péril, et de demeurer les seuls chefs possibles d'un pouvoir dont l'horreur du monde leur assurait la possession.

Ainsi s'enchaînent les événements qui conduisirent

la nation à perdre sous la pression de la terreur toute volonté propre, pour ne pas dire toute conscience d'elle-même. Ces événements sont-ils la conséquence d'une doctrine ou d'un intérêt? Ont-ils été inspirés par des idées libérales ou par d'égoïstes calculs? Est-ce afin de demeurer fidèles à la liberté religieuse que les Camus et les Grégoire rédigèrent leur plan minutieux de réglementation ecclésiastique et provoquèrent la guerre civile? Brissot respectait-il les pacifiques doctrines de la Constituante lorsque, pour conquérir une importance que ne comportait pas sa médiocrité, il poussait la Législative à la guerre contre l'empire germanique, en attendant que Robespierre et Marat, qui employèrent à leur tour la même tactique, prêchassent la guerre contre l'univers civilisé? Est-ce aux principes d'inviolabilité royale et de responsabilité ministérielle consignés dans la constitution de 1791 qu'il faut imputer le meurtre juridique de Louis XVI et le régime sanglant inauguré par ce crime? Les idées qui présidèrent à la rédaction de la loi municipale de 1790 ont-elles quelque chose à démêler avec l'atroce dictature que s'arrogea la commune insurrectionnelle du 10 août pour préparer les attentats de septembre?

Parce que la France avait voulu la liberté et que d'abominables calculs lui préparèrent la tyrannie, faudrait-il reporter sur les victimes la condamnation réservée aux tyrans? Bien loin que les doctrines de 89 aient jamais été funestes à la Révolution française, c'est de la dérogation à ces principes que sont issus, comme par une loi fatale, tous ses périls et tous ses malheurs ; et l'on va voir que le soin le plus constant de tous les pouvoirs réparateurs a été de se prévaloir de ces idées puissantes, lors même qu'ils n'ont pas tardé à les enfreindre, tant ils leur ont reconnu de force et d'autorité.

III

Du 2 septembre au 9 thermidor, la nation n'eut, comme Sieyès, qu'un seul souci, celui de vivre. Arrêtée dans la boue comme elle l'avait été dans le sang, on la vit, sous le Directoire, résignée à tout, excepté toutefois à prendre au sérieux les parades gouvernementales que son inertie laissait jouer. Un homme la rendit à elle-même en triomphant de la corruption par la gloire, et le merveilleux spectacle d'une restauration soudaine vint réveiller tous ses nobles instincts. Mais, loin de la provoquer au désaveu des idées politiques auxquelles la France avait engagé sa foi à l'ouverture de la Révolution, tous les auteurs de la journée du 18 brumaire, tous ceux qui reçurent mission de l'expliquer à la nation et à l'Europe, présentèrent ce coup d'État comme la sanction irrévocable des idées libérales au dedans, des espérances pacifiques au dehors. Si cette interprétation ne demeura pas jusqu'au bout en accord avec les faits, elle assura certainement dans l'opinion le succès moral de l'événement dont les instigateurs appartenaient tous au grand parti constitutionnel, décimé par les échafauds de la terreur et par les proscriptions de fructidor. Aucun de ces personnages, et Sieyès moins qu'aucun autre, n'entrevoyait un sceptre dans l'épée dont ils se servirent pour conquérir l'ordre et la paix, en renversant un gouvernement de vieux jacobins corrompus sans être corrigés. Ce qu'ils voulaient, ce qu'ils attendaient, ce qu'ils croyaient fermement avoir assuré au pays au prix d'une suspension momentanée de la légalité, ce n'était ni l'omnipotence administrative ni la dictature militaire, mais un véritable gouvernement représentatif où les principes de la constitution de 91 viendraient s'encadrer dans un mécanisme combiné avec plus d'art et de prévoyance. Cette pensée-là est exprimée dans tous les discours prononcés par les membres des deux conseils au sein de la commission législative. Ce fut donc sans étonnement que le pays entendit l'organe du nouveau gouvernement consulaire dire en présentant à la sanction nationale la constitution de l'an VIII : « La constitution est fondée sur les vrais principes du gouvernement représentatif. La révolution française est fixée aux principes qui l'ont commencée ; *elle est finie.* »

Ces illusions étaient générales, et s'expliquaient d'elles-mêmes. La machine inventée par Sieyès avait l'avantage de différer des constitutions précédentes, et ce fut là son premier mérite aux yeux d'un peuple lassé de tout, même de l'espérance. Cette œuvre, émanée d'un homme qui avait une foi profonde dans son idée, et qui passait pour le plus grand penseur du temps, laissait attendre des résultats entièrement nouveaux du jeu profondément calculé de tous les pouvoirs publics. Quoi d'étonnant que la France s'inquiétât peu des formes assignées à l'édifice élevé dans des conjonctures si favorables sur un sol jonché de tant de débris? Il aurait été difficile qu'elle comprît alors, comme nous pouvons le faire aujourd'hui, que la constitution de l'an VIII ne pouvait manquer de substituer l'atonie à la fièvre par la multiplicité de ses ressorts. Il ne fallait demander au pays ni de prévoir le prochain avenir d'une Chambre de muets accolée à une Chambre de bavards, ni de deviner la triste destinée de ce Sénat auquel l'acte fondamental, en l'armant de droits politiques redoutables, en le dotant d'avantages matériels exorbitants, ménageait l'alternative de devenir une assemblée de conspirateurs ou bien une assemblée de valets.

Sieyès, Daunou, Rœderer, d'autres encore, purent s'y tromper. Un seul homme pénétra probablement dès l'origine le sort réservé à cette machine condamnée à l'immobilité par l'agencement bizarre de ses contre-poids. Étranger à la conception émanée d'un esprit chimérique, il entrevit du premier coup d'œil quelle facilité rencontrerait son épée pour percer la trame dans laquelle un vieux rêveur se proposait d'enlacer sa naissante fortune. Il laissa s'élever, avec une impassibilité où perçait quelque dédain, la fameuse pyramide au sommet de laquelle il prit sa place, sans que personne songeât même à la lui disputer. Aussitôt que Napoléon paraît sur la scène du monde, il la remplit tout entière. Sa supériorité sur ses contemporains ne tarde pas à devenir l'écueil de son génie, car il se trouve conduit par le prestige qui l'entoure à substituer presque naturellement sa volonté personnelle à celle d'un pays qui ne parle plus que par sa parole et n'agit plus que par son bras.

Deux pensées se partagent cette merveilleuse carrière : l'une domine la période consulaire jusqu'au traité de Lunéville ; l'autre, de plus en plus accentuée, devient le programme de l'Empire. La première, c'est l'aspiration constante de la France vers cette tradition constitutionnelle dont nous interrogeons l'histoire, vers un gouvernement assez fort pour faire à l'intelligence sa large part, assez modéré pour ne jamais séparer la gloire de la justice. La seconde, c'est le rêve colossal d'un esprit chimérique arrivé, par l'habitude de tout absorber en lui-même, à se croire le centre de tous les droits parce qu'il l'est de toutes les forces, sorte de vision fiévreuse, où miroitent de vagues réminiscences romaines et féodales associées à la perspective d'une unité lointaine promise à l'Europe pour prix de ses longues humiliations : système plus éblouissant que sérieux, qui, procédant à la régénération des peuples par l'immolation des nationalités, faisait de l'état de guerre la base même de nos institutions, et tournait le dos à l'avenir en affectant de le saluer !

D'où vient que la nation dont les vœux ne dépassèrent jamais les glorieuses stipulations de Lunéville et d'Amiens, et qui avait acclamé la paix, se soit laissé rejeter sans aucun motif et sans aucun intérêt dans une lutte interminable ? Comment se mit-elle sans résistance au service de l'idée fatale dont elle aurait respectueusement détourné l'empereur même au lendemain d'Austerlitz et de Wagram, si la France avait trouvé pour parler une heure de ce courage qu'elle eut durant dix ans pour mourir ? Ceci est un problème de physiologie autant que de politique.

On peut remarquer dans le cours de notre histoire un désaccord sensible entre les passions et les idées nationales, et ce manque d'harmonie explique peut-être mieux que toute autre cause les caprices et les mobilités de l'opinion. A l'esprit inflexible d'un logicien la France unit le tempérament d'un soldat. Lorsque le tempérament domine, elle prodigue son sang à qui l'enivre de poudre et de gloire ; lorsque la tête l'emporte sur le cœur, elle revient à ses idées pour les poursuivre avec une obstination indomptable. Peut-être tout l'art de la gouverner consiste-t-il dans la mesure avec laquelle il convient de pondérer ces deux éléments l'un par l'autre. Si les divers pouvoirs qui succédèrent au premier Empire ne se sont pas assez inquiétés du tempérament national, l'empereur de son côté abusa de ce ressort au point d'en arriver à prendre la génération de 89 pour l'instrument passif d'une politique néo-carlovingienne. Ne communiquant plus avec la nation que par l'armée ; placé par sa toute-puissance dans un isolement qui ne lui fut pas moins funeste au dedans qu'au dehors, il apprit, à l'heure fatale où une telle expérience ne pouvait plus lui profiter, que les idées ne reculent jamais en France, lors même qu'on en perd la trace, et qu'elles y reprennent toujours avec usure le terrain perdu. En 1815, le chef de la nation militaire se retrouva tout à coup en face de la nation politique qu'il croyait avoir anéantie, et ce régne héroïque finit par l'amère déception des cents jours, qui signala la réaction triomphante de l'esprit de liberté.

Quelle avait été cependant la véritable pensée de la France, lorsqu'elle plaça la couronne sur le front du jeune pacificateur de l'Europe ? Que lui avait-elle demandé, en consentant à confondre son avenir avec celui de sa race ? Cette pensée fut si vite méconnue, elle a laissé si peu de trace dans les événements, qu'on éprouve une sorte de surprise en en retrouvant l'expression précise et concordante dans tous les documents législatifs comme dans tous les écrits du temps. La France attendait en 1804 ce qu'elle avait voulu en 1789 et en 1791, ce qu'elle souhaita plus résolûment encore à la chute du premier Empire, ce qu'elle espère aujourd'hui de la stabilité du second. Conséquente avec elle-même à la veille du jour où ses vœux allaient recevoir un éclatant démenti, elle souhaitait une monarchie héréditaire et constitutionnelle avec des élections, une presse et une tribune sérieusement libres, des finances fortement contrôlées, et surtout un pouvoir exercé par des ministres responsables. Je me hâte, en énonçant ces énormités, de m'abriter derrière des textes dont l'abondance ne me laisse d'ailleurs que l'embarras du choix.

« La France, disait le Tribunat, du sein duquel était partie la proposition d'élever le premier consul au trône, la France doit attendre de la famille de Bonaparte plus que d'aucun autre le maintien des droits et de la liberté du peuple qui la choisit et toutes les institutions propres à les garantir[1]. » — « Les Français ont conquis la liberté, disait le Sénat en adoptant cette proposition ; ils veulent conserver leur conquête, ils veulent le repos après la victoire. Ce repos glorieux, ils le devront au gouvernement héréditaire d'un seul, qui, élevé au-dessus de tous, défende la liberté publique, maintienne l'égalité, et baisse ses faisceaux devant la volonté souveraine du peuple qui l'aura proclamé. C'est ce gouvernement que voulait se donner la nation française dans les beaux jours de 89, dont le souvenir sera cher à ja-

[1] 3 mai 1804.

mais aux enfants de la patrie, et où l'expérience des siècles et l'expérience des hommes d'État inspiraient les représentants que la nation avait choisis. Il faut que la liberté et l'égalité soient sacrées, que le pacte social ne puisse pas être violé, que la souveraineté du peuple ne soit jamais méconnue, et que la nation ne soit jamais forcée de ressaisir sa puissance et de venger sa majesté outragée. Le Sénat développe dans un mémoire qu'il joint à ce message les dispositions qui lui paraissent les plus propres à donner à nos institutions la force nécessaire pour garantir à la nation ses droits les plus chers, en assurant l'indépendance des grandes autorités, le vote libre et éclairé de l'impôt, la sûreté des propriétés, la liberté individuelle, celle de la presse, celle des élections, la responsabilité des ministres et l'inviolabilité des lois constitutionnelles [1]. »

« La liberté devant laquelle sont tombés les remparts de la Bastille, s'écriait dans cette discussion un sénateur illustre [2], va déposer ses craintes. Le vœu du peuple ne sera jamais méconnu. Les listes des candidats choisis par les collèges électoraux étant souvent renouvelées, l'une des plus belles portions de la souveraineté du peuple sera fréquemment exercée. Les membres du Corps législatif seront, s'il est possible, des organes plus fidèles de la volonté nationale : les discussions auxquelles ils se livreront

[1] Message du 4 mai 1804.
[2] Lacépède.

et leurs communications plus grandes avec le Tribunat éclaireront de plus en plus les objets soumis à leurs délibérations. Une haute cour, garante des prérogatives nationales confiées aux grandes autorités, de la sûreté de l'État et de celle des citoyens, formera un tribunal véritablement indépendant et auguste consacré à la justice et à la patrie. Elle assurera la responsabilité des fonctionnaires, de ceux particulièrement qu'un grand éloignement de la métropole pourrait soustraire à la vengeance des lois. Elle assurera surtout *la responsabilité des ministres, cette responsabilité sans laquelle la liberté n'est qu'un fantôme.* Le sénatus-consulte rend l'hommage le plus éclatant à la souveraineté nationale ; il détermine que le peuple prononcera lui-même sur l'hérédité ; il fait plus, il consacre et fortifie par de sages institutions le gouvernement que la nation française a voulu dans les plus beaux jours de la Révolution, lorsqu'elle a manifesté sa volonté avec le plus d'éclat, de force et de grandeur. »

Tels étaient les vœux de la France à l'heure où déjà l'empereur aspirait à découper l'Italie en fiefs de son empire, et allait à Austerlitz forger le premier anneau de sa fatale destinée. Peut-être cette politique sensée lui revint-elle tardivement en mémoire lorsqu'il campait sur les *sierras* de l'Espagne, ou qu'il traversait en fugitif les eaux glacées de la Bérésina. Il dut en effet mettre plus d'une fois en regard des agitations d'un gouvernement libre le déchaînement de l'Europe et le désespoir de la France, et se dire dans l'amertume de son cœur qu'il ne succombait pas tant sous le poids de l'univers conjuré que sous celui d'une responsabilité trop lourde pour un mortel.

Lorsque Napoléon eut perdu la couronne de Louis XIV en courant après celle de Charlemagne, la France, demeurée étrangère à ces rêves, si ce n'est par le sang dont elle les avait payés, reprit le cours naturel de ses pensées, comme une terre qui refleurit après la chute d'une avalanche. Elle se remit à la poursuite des espérances libérales que le géant avait fait ployer dans sa course sans parvenir à les déraciner. Le programme oublié de 1804 servit, après dix ans, de texte à l'arrêt de déchéance rédigé par des hommes qui signaient en l'écrivant leur propre condamnation.

Cependant la Restauration s'élevait acclamée par la France malgré la présence d'un million d'étrangers, parce que son gouvernement représentait avec la paix, ce premier besoin du pays si obstinément méconnu, un retour certain vers la liberté, sans laquelle l'antique dynastie ne pouvait reparaître au sein de la France nouvelle. La déclaration de Saint-Ouen et la charte de 1814 donnèrent satisfaction aux principes généraux proclamés en 89, en les encadrant dans un mécanisme plus heureux qu'aucun de ceux qui avaient été si tristement employés.

Lorsqu'au 20 mars une insurrection militaire eut

fait remonter pour un jour le prisonnier de l'île d'Elbe sur ce trône, tente impériale dressée à la veille d'un dernier combat, son premier soin fut de s'incliner devant l'esprit de son temps, par lequel il avait été vaincu, avec une sincérité qui a du moins pour elle d'illustres témoignages, et dont à Sainte-Hélène il ne laissait point douter. Napoléon adopta les idées qui s'imposaient à lui parce qu'elles étaient plus fortes que son génie et plus durables que sa fortune. Sa carrière impériale commencée par les protestations libérales de 1804 se termine le 23 avril 1815 par la rédaction de l'acte additionnel, où toutes les garanties inscrites dans la charte de Louis XVIII sont dépassées, particulièrement en matière de presse et de responsabilité ministérielle. Aux yeux de l'école Napoléonienne, un pareil testament ne saurait être sans valeur, car lorsqu'il l'écrivait sous la dictée de Benjamin Constant, l'auguste testateur était ou hypocrite ou converti. Quoi qu'il en soit, la sanction de Napoléon Ier n'a pas manqué aux institutions si légèrement traitées par les hommes qui placent leurs dédains sous la protection de sa mémoire.

Aujourd'hui que l'Europe entière s'est assimilé ces institutions et que celles-ci fonctionnent à Madrid comme à Vienne, il est superflu de les défendre à l'occasion d'une prétendue origine britannique, car les œuvres de l'expérience et du bon sens ne sont le patrimoine d'aucun peuple. Elles allaient d'ailleurs mieux que toutes les constitutions précédentes au génie français par le champ qu'elles ouvraient à toutes les grandes ambitions de la pensée et du talent, et jamais la révolution ne reçut une sanction plus éclatante pour ses conquêtes et ses aspirations politiques. Toutefois, aux sources mêmes du pouvoir, une difficulté considérable se laissait déjà pressentir.

La charte de 1814 avait été octroyée par une puissance qui se prétendait constituante, et qui n'admettait pas que la nation pût intervenir entre elle et son œuvre. Cette prétention impliquait le droit de modifier le pacte fondamental, droit périlleux qu'on avait eu soin de dissimuler sous une rédaction ambiguë, tant on le savait capable de blesser profondément la conscience publique. L'article 14 était le seul débris de la société historique qui survécût au cataclysme de 89. La lutte toujours sourdement ouverte entre les libertés constitutionnelles et une doctrine incompatible avec elles fut pour la Restauration, malgré le talent et la droiture de ses hommes d'État, une cause permanente de faiblesse, car d'un côté cette lutte semblait donner à la conscience royale le droit de tout entreprendre, de l'autre elle présentait aux passions ennemies le moyen de tout oser. La théorie du pouvoir constituant aveugla donc les amis de la royauté légitime en même temps qu'elle apportait à ses adversaires une force immense, de telle sorte que, si la maison de Bourbon avait eu la prescience de ses véritables périls, elle aurait travaillé à les détourner en transformant son propre principe bien loin de le proclamer avec éclat.

C'est ainsi qu'on arrive à travers des péripéties sans nombre, qui ne modifient pas sensiblement la pensée publique toujours persistante, jusqu'à cette révolution de juillet, terme fatal du long conflit des intérêts et des idées. La charte de 1830 vint donner aux théories politiques consignées dans la déclaration des droits une satisfaction complète en ajoutant, il est vrai, à cette victoire les difficultés inséparables de toute insurrection triomphante.

Sous le gouvernement de la branche cadette, la lutte ne fut guère moins vive que sous le précédent règne, et nous voyons après dix-huit années de débats, dont la véhémence contrastait singulièrement avec le calme de la raison publique, la royauté consentie disparaître dans une catastrophe semblable à celle qui avait emporté la royauté héréditaire. Cependant l'analogie entre les deux situations n'est qu'apparente. Contrairement à ce qui s'était vu depuis 1815 jusqu'à 1830, époque de grandes luttes entre des passions et des idées inconciliables, les partis parlementaires différèrent bien plus de 1830 à 1848 sur la conduite que sur les doctrines, et sur les personnes que sur les choses, quelque accentuation que chacun d'entre eux estimât convenable de donner à ses paroles. Dans ces querelles où l'esprit restait assez libre pour que l'art s'y déployât dans son éclat le plus étudié, les intérêts durent prendre la place des passions amorties, et l'on s'anima d'autant plus qu'on se comprenait davantage. Aucun parti légalement constitué n'aspirant alors à renverser le pouvoir, et celui-ci n'étant guère menacé que par l'impatience qu'on éprouvait de le servir, la monarchie de 1830, qui aurait pu soutenir une longue lutte contre des ennemis déclarés, périt en quelques heures par la confiance même qu'inspirait sa force : confiance étrange, qui n'aveuglait pas moins les agents du pouvoir sur la portée de leurs actes que l'opposition sur celle de ses coups !

Le 24 février fut pour la France une grande surprise avant de lui apparaître comme un grand malheur, car cette révolution ne s'accomplit que parce que personne ne l'avait estimée possible. De la syncope où s'affaissèrent soudainement toutes les forces sociales sortit un expédient qui s'appela la république. Atteint d'une stérilité organique mal dissimulée sous de pompeuses formules, ce gouvernement républicain, qui contrariait par son essence tous les instincts du pays, et qui par son nom seul alarmait tous les intérêts, n'eut jamais aux yeux des Français que le caractère d'un pouvoir de transition. Aussi n'était-il pas fort difficile de pressentir la série de réactions dont le terme ramènerait enfin l'opinion vers le but dont elle avait été détournée, non par le cours de ses idées, mais par celui des événements.

Le seul grief sérieux de la France contre le pouvoir tombé sans se défendre le 24 février, ce fut d'avoir rendu une pareille catastrophe possible, ou par le vice des institutions, ou par les torts des hommes qui les avait maniées avec peu de mesure et de prévoyance. De là, après la chute de la république en 1852, une disposition générale à croire qu'un remaniement judicieux opéré dans les institutions pourrait abriter le pays contre la chance de révolutions nouvelles, encore que ces institutions, déjà vieilles de plus de trente ans, eussent contracté pour lui l'autorité de l'habitude. Relever le drapeau de la liberté constitutionnelle en le protégeant par un ensemble de nouvelles mesures contre le péril des surprises et contre celui des rivalités personnelles, telle a donc été la pensée de la France, non pas précisément au lendemain du coup d'état du 2 décembre, mais sitôt qu'elle a commencé à sortir de sa longue prostration sous l'abri d'un pouvoir désormais incontesté.

IV

Telle est, ramenée à sa plus simple expression, et observée dans ses rapports avec l'établissement d'un régime de vraie liberté, l'histoire de la pensée politique en France depuis que la nation a été appelée à exercer quelque influence sur ses destinées par l'expression de sa volonté. L'idée qui se fit jour aux grands comices de 89, et que nous avons entendu invoquer par la dictature elle-même, imprime à ce tableau le sceau d'une magnifique unité, car jamais peuple n'a été plus obstiné dans la poursuite de ses espérances, lors même que celles-ci ont paru le tromper. Tant que l'idée de 89 résiste à l'assaut des factions, et qu'elle domine dans les assemblées représentatives, des transformations réputées impossibles s'opèrent avec une facilité surhumaine. Quand l'anarchie ou le despotisme l'emporte, cette idée se réfugie au fond des cœurs, lors même que les esprits semblent n'en avoir plus conscience, et sitôt que l'horizon se rassérène, elle reparaît comme l'arc-en-ciel après l'orage. Lorsqu'un grand gouvernement militaire, déchirant les stipulations de 1804, imagina d'entreprendre contre l'Europe moderne des expéditions analogues à celles d'Alexandre contre la barbarie asiatique, cette pensée vint tout à coup combler le vide laissé par sa chute, et releva la France d'une défaite qui avait rouvert devant elle le cours de ses destinées véritables.

On voit se reproduire aujourd'hui le même phénomène dans des circonstances plus heureuses. En 1863, la nation retrouve, comme par l'effet d'une loi naturelle, les préoccupations élevées qui s'étaient voilées pour elle en présence des périls publics. Dégagée désormais, à un degré qui ne s'est jamais rencontré aux époques antérieures, de toutes les illusions des partis, elle portera dans la revendication de ses droits une volonté de plus en plus décidée, parce qu'elle discerne nettement ce qu'elle demande.

Partout se révèle cette disposition générale de l'esprit public; c'est elle qui donne à des événements d'une importance secondaire une portée immense; elle seule fait des tristes hasards de la mort une éclatante révélation pour le pays et un solennel enseignement pour le pouvoir.

Le gouvernement impérial a sans doute l'instinct trop sûr pour ne pas comprendre que l'état de l'esprit public le convie en ce moment à une mission non pas contraire à celle qu'il dut remplir dans la première partie de sa carrière, mais d'une portée plus élevée et plus durable. Au 10 décembre 1848, la France avait évoqué le nom de l'empereur Napoléon comme un talisman contre l'anarchie. Moins ferme par l'esprit que par le cœur, elle érigea un autel à la peur sous le trouble profond d'une échéance où l'on semblait avoir accumulé comme à plaisir tous les problèmes et tous les périls. De l'effroi général sortit la dictature de 1851, et son ombre se projeta plusieurs années sur le second Empire, dont cette dictature avait été le silencieux berceau. Parfaitement indifférent durant cette période à la valeur théorique des institutions pour lesquelles on rélamait la sanction de ses suffrages, se considérant encore comme placé sous l'imminence d'un grand péril, le pays n'aspirait qu'à écarter du foyer domestique les dangers dont l'obscure perspective lui avait rendu quelque chose des épouvantes et des défaillances de la terreur. Bientôt le tempérament national, habilement surexcité, trouva dans les entreprises accomplies au dehors des satisfactions assez vives pour que le mouvement de la pensée publique s'arrêtât durant dix années en présence d'œuvres éclatantes.

On ne manque pas de respect pour le pouvoir en signalant comme l'une de ses préoccupations les plus constantes le soin de maintenir l'équilibre entre les deux éléments constitutifs du génie national. Si dans l'un des plateaux de la balance il a fait passer tour à tour la Crimée, l'Italie, la Chine, la Cochinchine et le Mexique, dans l'autre il a jeté le décret du 24 novembre 1860, la mémorable lettre du 14 novembre 1861, et certaines manifestations qui ne laissent pas douter qu'une part notable sera faite à l'intelligence politique avant que le pays le réclame assez impérieusement pour enlever au pouvoir le profit légitime d'une initiative opportune. A partir du décret du 24 novembre, la constitution du 14 janvier 1852, qui jusqu'alors avait été, comme celle de l'an VIII, une sorte de lettre morte, devint une vérité à laquelle se rattachèrent les intérêts, une espérance qu'acceptèrent les ambitions honorables, une égide derrière laquelle n'hésitent plus à s'abriter les renommées les plus éclatantes. Je ne sais pas pour une législation fondamentale de fortune dont un véritable esprit politique dût être plus jaloux; et lorsque je considère l'état intérieur des partis, je ne vois pas pour le pouvoir d'épreuve qui soit moins périlleuse. Cette épreuve en effet ne saurait réussir, même aux plus illustres, que si elle est accomplie sans aucune arrière-pensée et dans l'intérêt exclusif du pays. Pour la première fois peut-être, on va livrer, en dehors de toute préoccupation personnelle, le grand combat de la liberté; c'est aussi pour la première fois que la France de 89, de 1814 et de 1830 va s'efforcer de reprendre, dans des conditions un peu différentes de celles qu'elle avait admises jusqu'à présent, l'œuvre qui touche de si près à notre honneur national, puisque cette œuvre continuerait à porter notre nom dans toute l'Europe, lors même que nous aurions l'insigne faiblesse de la répudier.

Le problème soumis depuis les élections générales à la sagacité du pouvoir se trouve posé en des termes fort simples. Rassurée désormais sur la force du gouvernement qui la régit, et revenue à ses nobles curiosités d'esprit, la France aspire à retrouver l'usage des principales garanties dont elle jouissait sous la monarchie parlementaire, toute prête d'ailleurs à répudier les dispositions contre lesquelles le régime représentatif lui semble s'être deux fois brisé. Heureuse de faire preuve de persévérance après avoir fait acte de sagesse et de consolider l'ordre public par la conquête de la liberté, elle attend l'accomplissement de ses vœux, soit de l'initiative impériale, soit d'un sénatus-consulte organique, soit enfin d'un plébiscite, si ce recours suprême à sa propre souveraineté est jamais réputé nécessaire.

Les préoccupations du monde politique portent sur divers points, et le caractère essentiellement perfectible de l'acte constitutionnel nous autorise à les indiquer, puisque cette indication n'est qu'un recours régulier aux voies ouvertes par la loi fondamentale. Lorsqu'aux élections du mois de juin 1863 les idées libérales eurent remporté une victoire que ne contestent pas leurs adversaires les plus décidés, la conscience publique resta frappée d'une étrange disproportion entre la grandeur du succès moral et les résultats exprimés par le scrutin. La logique naturelle de l'esprit français dut donc le conduire à souhaiter une modification profonde, non dans le principe de notre législation électorale, sur lequel la constitution a statué, mais dans la manière dont cette législation est appliquée par une administration à peu près omnipotente dans la plupart des communes rurales.

Pour constater le désaccord qui sépare le régime administratif de ce temps-ci des doctrines de 89 inscrites en tête de notre constitution, il suffirait de mettre les anciens directoires départementaux, dans lesquels l'autorité centrale était à peine représentée par un commissaire, en regard de la formidable machine préfectorale du premier Empire, renforcée par les actes que l'appréhension du socialisme a suggérés au second après le 2 décembre. Il n'est pas jusqu'aux efforts tentés pour restreindre l'un des abus de la centralisation par une expédition plus prompte des affaires qui n'aient concouru, par une conséquence probablement imprévue, à grandir encore la puissance dans laquelle sont venues s'absorber toutes les autres. Le décret du 25 mars 1852 a mis la clef de toutes les carrières et le règlement de la plupart des intérêts privés entre les mains des préfets, déjà dictateurs de la presse départementale, et qui ne rencontrent en face d'eux que des conseils généraux déshérités de leur principale prérogative par une situation financière anormale.

En désignant à la population des candidatures auxquelles il arrive très-souvent de n'exister que par le fait de cette désignation même, on s'assure, je le reconnais, des dévouements faciles, mais on y perd l'immense profit moral qu'apporte au pouvoir le concours spontané des existences indépendantes et des caractères respectés. Transformer en ennemis du gouvernement les hommes les plus considérables du pays s'ils se présentent aux suffrages de leurs concitoyens sans l'autorisation préalable de l'administration, c'est satisfaire ses rancunes aux dépens de ses intérêts : politique habituelle aux émigrés, fléaux de toutes les restaurations, sous quelque drapeau qu'elles s'opèrent. Si l'effet de ces exclusions est fâcheux pour les localités où elles laissent l'élu sans concurrent, mais aussi sans influence, cet effet est plus grand encore sur l'opinion publique, qui demeure la reine du monde même en pleine démocratie. Il serait fort périlleux en effet d'accoutumer la nation à distinguer dans la législature les députés des arrondissements ruraux des députés des grandes villes, à peu près comme on distinguait en Angleterre, avant le bill de réforme, les représentants des bourgs pourris des représentants des comtés. On ne créera pas gratuitement de telles catégories, et l'on ne voudra pas sans doute faire soi-même la partie si belle à l'opposition en lui attribuant le monopole des idées qui constituent aujourd'hui sa puissance morale.

En succédant à la monarchie constitutionnelle, à laquelle la France reproche moins ses actes que sa chute, le second Empire ne saurait accepter le programme qui tendrait à transformer son gouvernement en un théâtre à grand spectacle ou en une boîte à surprise maniée devant un public ébahi. Il n'ignore pas qu'au temps où nous sommes le gouvernement d'une nation intelligente ne saurait être que la conscience même du pays appliquée à la conduite de ses propres affaires. Sans cesser de s'appuyer sur les masses qui ont fait sa force, l'Empire doit avoir l'ambition de se rattacher plus étroitement cette partie active de la nation qui est aux masses ce que le levain est à la pâte, pour employer une image vulgaire, mais saisissante. Cette portion du peuple français, préparée aux affaires publiques par la culture de l'esprit, a la volonté assurément fort légitime d'y intervenir activement désormais, encore qu'elle ne soit pas aristocratiquement constituée comme en Angleterre. M. le duc de Persigny, qui semblait en prendre assez bien son parti en 1860, doit connaître mieux que personne cette disposition-là depuis qu'il a tâté le pouls de si près à la France électorale. L'opinion publique, dont il a si heureusement provoqué le réveil, et dont personne, sous le principe qui nous régit, n'est admis à méconnaître l'autorité, saura lui rendre, s'il revient jamais au pouvoir, le souvenir oublié de ses premières circulaires; elle saura reprendre, avec le droit de déposer un vote indépendant dans l'urne sans passer pour factieuse, celui de consigner ses pensées dans certaines feuilles sans exposer ces organes à d'autres sévérités qu'à celles de la loi. En matière de presse, la France demande peu, car la presse porte encore et la peine de ses torts et celle des nôtres; mais les concessions que l'opinion réclame sont tellement conformes anx principes élémentaires du droit et à ceux de l'équité, qu'elles s'imposeront par la force même des choses à l'intérêt bien compris du pouvoir.

Cet intérêt judicieusement apprécié a déjà provoqué les concessions décisives du 24 novembre 1860. Placé, à cette époque, en présence des complications inattendues sorties des affaires d'Italie, le gouvernement impérial, afin de se fortifier devant l'Europe par la manifestation du sentiment public, appela tout à coup les Chambres à partager la responsabilité de résolutions qui pouvaient toucher aux problèmes les plus périlleux de l'ordre moral et politique. L'année suivante, pour se défendre contre les entraînements financiers, il dut renoncer à la faculté, maintenue à la conronne dans tous les pays constitutionnels, de pourvoir sous la responsabilité de ses ministres aux nécessités imprévues; abdiquant ainsi l'usage afin de se préserver de l'abus, et s'imposant des règles sur lesquelles il y aurait eu plus à compter, si elles avaient été moins rigoureuses. Après la transformation destinée à faire sortir la parole du sépulcre dont la pierre semblait si solidement rivée, il ne reste plus beaucoup à faire pour rendre à la France la parité avec l'Europe constitutionnelle, initiée par elle à la liberté, dont nous avions depuis si longtemps perdu l'usage.

Sitôt qu'il a été reconnu que le programme de la politique générale doit être consacré par le vote solennel des Chambres après une discussion contradictoire sur tous les grands intérêts du pays, la représentation nationale a dû retrouver le droit d'en surveiller l'accomplissement, droit de contrôle qui conduit forcément à refuser sa confiance aux agents qui pourraient être préposés pour exécuter une politique différente. Décliner cette conséquence, vers laquelle est entraînée la conscience publique par l'irrésistible courant de la logique et de l'habitude, ne serait-ce pas substituer aux passagères difficultés des crises ministérielles l'éventualité d'une crise organique plus redoutable? La responsabilité exclut en effet l'inviolabilité, et celle-ci est pourtant de l'essence de toute monarchie héréditaire, sous le droit populaire comme sous le droit historique. On pouvait comprendre le système consacré par le plébiscite du 22 décembre 1851 lorsqu'il plaçait la responsabilité tout entière sur la tête du président de la république, car ce magistrat, si vastes que fussent les attributions que lui avait alors déléguées la confiance du pays, était appelé au même titre que le président des États-Unis à se présenter périodiquement devant le peuple, qui portait sur son administration un verdict définitif. En est-il ainsi après le sénatus-consulte du 7 novembre 1852 et le plébiscite qui a rétabli l'Empire en investissant le chef de l'état de l'hérédité ? Une modification si profonde au système antérieur ne rend-elle pas force et vigueur aux maximes constitutionnelles universellement admises en matière de responsabilité ministérielle, même à la fondation du premier Empire ? Quel si grand avantage présenterait d'ailleurs pour l'avenir la consécration d'un théorie dont le double effet serait de paraître dénier aux premiers agents de l'autorité souveraine toute volonté propre et d'exposer sans intermédiaire le chef de l'État aux courants impétueux de l'opinion ? Si une destinée exceptionnellement heureuse a pu conduire à ne pas s'inquiéter pour soi d'une pareille perspective, en serait-il de même pour une dynastie soumise à toutes les chances de l'âge et du sort comme à toutes les faiblesses de l'humanité ?

Les révolutions, qui bouleversent les lois, ne changent point les mœurs : aussi, en matière de responsabilité, celles-ci se sont-elles trouvées assez fortes pour modifier déjà singulièrement, sur ce point-là, le texte de nos institutions. Quoique les ministres de l'Empereur, aux termes du plébiscite de 1851, ne dépendent plus en droit que du pouvoir exécutif seul, on les a vus parfois, à leur grand honneur personnel, compter avec les Chambres aussi bien qu'avec l'opinion publique ; ils n'ont pas tous accepté l'attitude d'acteurs engagés pour jouer tous les rôles. Lorsqu'au lendemain des élections générales on a vu tomber le ministre qui les avait faites avec une ardeur mal servie par la fortune, il faut trouver naturel que la France entière cherchait à cette retraite une signification politique. On notifierait vingt fois au pays qu'il a tort ; celui-ci est assez obstiné pour persister à croire qu'il a raison. La convenance d'organiser la responsabilité personnelle des agents du pouvoir est peut-être l'idée sur laquelle l'opinion publique a le moins varié en France depuis le commencement de la Révolution.

En remettant la France sous ce rapport en communion avec tous les peuples libres, rien n'interdirait d'ailleurs de renforcer encore les précautions prises par la législation aujourd'hui en vigueur pour protéger les Chambres contre les intrigues dont le pays a gardé un souvenir si fatal à la liberté. On peut fort bien retrouver le bénéfice des véritables principes sans être contraint de les encadrer dans certaines formes sacramentelles dont la destinée a certainement été malheureuse. La constitution du 14 janvier 1852 a introduit dans le mécanisme politique quelques modifications dont aucun esprit sensé ne saurait méconnaître la convenance et l'utilité. L'intervention préalable du Conseil d'État dans la confection des lois, l'obligation imposée à la Chambre de débattre avec ce grand corps administratif des amendements qu'on a pu croire quelquefois improvisés par la légèreté ou par le calcul, le droit attribué à la législature de rédiger elle-même la compte rendu de ses débats, ce sont là des améliorations que personne ne songe assurément à répudier. On peut attribuer le même caractère aux dispositions constitutionnelles qui ont interdit l'accès du corps législatif à tous les fonctionnaires salariés ; et bien loin de revenir sur une mesure aussi salutaire, il ne reste plus qu'à lui appliquer ses conséquences naturelles.

La France serait replacée demain sous le régime parlementaire, qu'avec une chambre élective dont aucun membre ne saurait être admis désormais à profiter de la fortune politique des chefs d'opinion, on n'aurait rien à redouter des manœuvres clandestines dont ce régime porte encore la peine. Il n'est pas indipensable, malgré un usage à peu près général, que les ministres admis à défendre eux-mêmes leur administration devant les chambres soient membres de ces assemblées ; il est moins nécessaire encore qu'ils y exercent une action directe ou personnelle. On comprend un système qui, pour rendre au corps législatif le caractère d'un grand jury national qu'avait entendu lui attribuer la constitution de l'an VIII, ne laisse arriver devant les Chambres que des ministres étrangers à ces assemblées, car les débats peuvent en effet gagner ainsi en solidité ce qu'ils perdent en dramatique intérêt ; mais ce sytème-là n'interdit point de réclamer pour les dépositaires du pouvoir le respect toujours assuré à qui s'inspire de sa propre pensée et ne défend que ses propres actes.

Les principes consignés dans la constitution de 1852 faciliteraient d'ailleurs des combinaisons qui, si l'on ne reculait pas devant ce qu'elles peuvent avoir de nouveau, ne profiteraient probablement pas moins au pouvoir qu'à la liberté. A quelle autorité morale, par exemple, n'atteindrait point le sénat, ressort principal des institutions actuelles, si au droit souverain d'interpréter et de modifier celles-ci, venaient se joindre un jour des prérogatives nouvelles ; si, sans retrouver le fameux droit *d'absorption*, il obtenait celui d'agir, dans une certaine mesure, sur sa propre organisation au même titre que l'Institut et toutes les grandes corporations indépendantes ! On se plaint amèrement des vains efforts tentés par la démocratie, depuis l'ouverture de la révolution française, pour se donner une organisation quelque peu durable, et cependant, chaque fois qu'il se produit une idée dont l'infaillible effet serait d'imprimer au mécanisme constitutionnel quelque énergie, on la repousse sans discussion, dans l'intérêt du pouvoir, en se préoccupant bien moins des services qu'elle aurait à lui rendre que des obstacles qu'elle pourrait parfois lui susciter.

Il ne serait pas plus impossible d'organiser de notre temps la démocratie par l'élection graduée qu'il ne l'a été, voici dix siècles, de discipliner la force territoriale et militaire par la vassalité féodale. C'est le problème qu'il faut accepter, puisqu'il est aujourd'hui posé pour toute l'Europe. Il s'agit moins de proclamer des institutions libérales que d'appuyer celles-ci sur une nouvelle organisation administrative et politique conforme à l'essence de la démocratie moderne. Cette œuvre n'a guère rencontré jusqu'à présent que des ouvriers timides ou malheureux. Ce n'est pas en rentrant dans l'ornière d'une imitation servile qu'on pourra la conduire à bonne fin ; l'œuvre attend qu'on l'aborde avec la foi qui renverse les obstacles.

Il y a près de vingt-cinq ans que j'osai signaler au sein d'une confiance à peu près générale les périls qui menaçaient dès lors le gouvernement représentatif malgré l'attachement incontestable que lui portait la nation, et qu'en indiquant quelques moyens qui me paraissaient propres à fortifier nos institutions politiques, je terminais ces études par des paroles que je demande la permission de répéter. « On se plaint que le pays résiste au pouvoir, et que notre sol soit mortel pour tous les germes de durée ; mais a-t-on bien compris la manière de les implanter ? A-t-on pris son génie intime pour point d'appui de tant de combinaisons avortées ? Pour dompter une société qui n'a pas encore trouvé ses lois définitives, il faut deux choses : comprendre et oser. Bucéphale avait renversé tous les écuyers de Philippe lorsque Alexandre osa braver sa fougue. Celui-ci avait remarqué que l'immortel coursier avait peur de son ombre en la voyant s'allonger devant lui : il lui mit la tête au soleil et s'élança d'un bond sur sa croupe redoutable ; puis se précipitant dans le stade, son bras sut si bien régler les mouvements de l'animal sans les contraindre, en employant tour à tour le mors et l'aiguillon, que le cheval s'inclina bientôt sous cette main héroïque. Grâce au ciel, ce n'est pas d'un demi-dieu que la France aura désormais besoin : ce qu'elle demande à son gouvernement, c'est quelque prévoyance et quelque initiative combinées avec du patriotisme et de la probité. A ce prix, elle pourra suffire à toutes ses destinées [1]. »

Depuis que ces lignes ont été écrites, Bucéphale a désarçonné plus d'un cavalier, mais il n'est pas pour cela devenu indomptable. On a pu voir que ce fou-

[1] Lettres à un membre du parlement d'Angleterre sur les conditions du gouvernement représentatif en France. *Revue des deux mondes* du 1er novembre 1839.

gueux coursier avait ses heures d'obéissance très-facile; mais malheur à qui prendrait sa lassitude momentanée pour une transformation de tempérament, et affronterait des ardeurs qu'il n'est interdit à la prudence ni de régler ni de prévenir !

FIN.

TABLE

APPENDICE.

PARIS. — IMPRIMERIE DIVRY ET Cᵉ,
rue Notre-Dame des Champs. 49.

www.ingramcontent.com/pod-product-compliance
Ingram Content Group UK Ltd.
Pitfield, Milton Keynes, MK11 3LW, UK
UKHW012009240726
13965UKWH00001B/246

9 782012 976443